SAMMLUNG GÖSCHEN BAND 1203

EINFÜHRUNG IN DIE SOZIALETHIK

von

DR. D. HEINZ-DIETRICH WENDLAND

oö. Prof. u. Dir. d. Inst. f. Christl. Gesellschaftswiss. an der Universität Münster

WALTER DE GRUYTER & CO.

vormals G. J. Göschen'sche Verlagshandlung · J. Guttentag, Verlagsbuchhandlung · Georg Reimer · Karl J. Trübner · Veit & Comp.

BERLIN 1963

 — Archiv-Nr. 7580633. — Satz und Druck: Saladruck, Berlin 65. — Printed in Germany.

INHALTSVERZEICHNIS

EINLEITUNG 5
1. Sozialethik und Gesellschaft 5
2. Warum „Sozial"-Ethik? 6
3. Christliche Sozialethik und moderne Gesellschaft 9
4. Die Aufgabe der „Einführung" und ihre Grenzen 12

KAPITEL I: *Voraussetzungen und Grundfragen* 17
1. Christlicher Humanismus als Leitbegriff der Sozialethik 17
2. Bürgerlicher und marxistischer Humanismus 19
3. Humanistische Utopie und christliche Erwartung 23
4. Der Bezug des christlichen Humanismus auf Institutionen 27
5. Die Mächte der Verkehrung 33
6. Gesellschaft und Gemeinde unter der Herrschaft Christi 36
7. Christliches Naturrecht? 43

KAPITEL II: *Die Kirche in der modernen Gesellschaft* 45
1. Die Zuwendung der Kirche zur Gesellschaft 46
2. Zwei Grundformen von „Kirche" 47
3. Formungskräfte der gegenwärtigen Gesellschaft 52
4. Die Stellung der Kirche in der säkular-pluralistischen Gesellschaft 58
5. Prinzipien der Diakonie der Kirche an der Gesellschaft 63
6. Die Aufgabe der gesellschaftlichen Diakonie 68

KAPITEL III: *Das Gemeinwesen als Demokratie* 73
1. Gesellschaftliche und politische Demokratie 74
2. Demokratie als Herrschaftsform 76
3. Die Gefährdung der Demokratie 79
4. Demokratie und Nation 81
5. Kirche und Demokratie 82
6. Christliche Politik? 85

Kapitel IV: *Probleme der Wirtschaftsethik* 92
1. Unvereinbarkeit von Wirtschaft und Ethik? 92
2. Arbeit — nicht Beruf 97
3. Das Eigentum und seine Formen 103
4. Ethik des Verbrauchens? 107
5. Der Wohlfahrtsstaat 110

Kapitel V: *Leitbilder der sozialen Gestaltung* 117
1. Die Zukunft der Gesellschaft 117
2. Die verantwortliche Gesellschaft 122
3. Interessen-Gesellschaft und sozialer Friede 126
4. Liebe und Gerechtigkeit 131
5. Konflikte des Christen mit der Gesellschaft 134
6. Die soziale Gestaltung und der Gang der Geschichte .. 137

Literaturverzeichnis 139

Register 143

EINLEITUNG

1. Sozialethik und Gesellschaft

Die Sozialethik kann in verschiedenen Epochen und Systemen der Gesellschaft verschiedene Funktionen haben. Sie kann das Bewußtsein der Gesellschaft von den ethischen Maßstäben aussprechen, welche diese anerkennt, und den geistigen Zusammenhalt, die Kräfte der „Integration" ausdrücken, welche in der betreffenden Gesellschaft mächtig sind, — so etwa in der mittelalterlichen Gesellschaft vor den großen Umformungskrisen der Reformation, der Renaissance und der Aufklärung. Hier ist in heiligen Ordnungen der Standort der Einzelnen und der „Stände" gegründet und befestigt. Die Sozialethik spricht aus, daß es so sei und warum es so sein müsse.

Ganz anders liegen die Dinge in der dynamischen Gesellschaft der Moderne, die von einer technischen und sozialen Revolution zur anderen fortschreitet, und in der es keine fest verankerten und begrenzten Stände mehr gibt; daher auch Standort und Standortbewußtsein des Einzelnen stark erschüttert sind. Die einzelnen Glieder der Gesellschaft sind beweglich bis zur Grenze der Standortlosigkeit; sie werden durcheinander gewirbelt.

In einer solchen Gesellschaft ist die Sozialethik zugleich Ausdruck der gesellschaftlichen Krisen oder Auflösungserscheinungen und Versuch der geistigen Bewußtmachung und *Überwindung* der Krise, Versuch, die Fundamente von neuem sichtbar zu machen, ohne welche menschliches Gemeinleben schlechterdings nicht existieren kann, wenn es den Menschen nicht — sei es durch die Anarchie, sei es durch die totalitäre Vergewaltigung — der Entmenschlichung ausliefern will. Sozialethik wird hier *Gesellschaftskritik.* Aber wenn sie ihrem Namen Ehre macht, so bleibt sie nicht in der Diagnose stecken, sondern schreitet zu sittlichen *Weisungen* fort, auf Grund der Erkenntnis der Bindungen und Maßstäbe, die zur Erhaltung und Gestaltung der menschlichen Gesellschaft notwendig sind, jetzt aber zugleich in und gegenüber den Krisen der Gesellschaft profiliert und bezeugt werden müssen. Die Sozialethik in der modernen, dynamischen Gesellschaft hat — bewußt oder unbewußt, ausgeführt oder unausgeführt — das Krisen-Bewußtsein und die kritische Analyse der faktischen, gesellschaftlichen Verhältnisse zur Voraussetzung. Hiermit hängt es zusammen, daß die „Sozial"-Ethik überhaupt nicht bei allgemeinen „Prinzipien" oder „Normen" (d. h. Maßstäben, die ein Sollen ausdrücken) des Guten und des Gerechten stehen bleiben kann. Denn sie ist ja auf konkrete, gesellschaftliche Nöte und Aufgaben *dieser* Gesellschaft in dieser unserer Zeit bezogen; sie hat es mit der Bindungslosigkeit und Bindung des gegenwärtigen Menschen, nicht des Menschen des 16. Jahrhunderts zu tun. Wenn es also Sozial-Ethik gibt, so ist sie „konkrete" Ethik in dieser und für diese moderne, technisierte, emanzipierte Gesellschaft. Auf die geschichtliche Konkretisierung der ethischen „Maßstäbe" oder „Leitbilder" muß es ihr ankommen.

2. Warum „Sozial"-Ethik?

Aber warum sprechen wir überhaupt von „Sozial"-Ethik? Der Ausdruck, gebräuchlich besonders in der christlichen Tradition evangelischer Prägung, hat sich über deren Umkreis hinaus verbreitet; benachbart sind die Termini „Soziallehre" oder „Gesellschaftslehre" im katholischen Sprachgebrauch, der auch nicht mehr auf die katholische Kirche und ihre Moraltheologie beschränkt geblieben ist. Man kann offenbar in einem *christlichen* und in einem *allgemeinen* Sinne von Sozialethik sprechen. Dies Problem wird uns immer wieder begegnen (vgl. S. 17 ff.).

Vielfach wurde nun der Begriff „Sozial"-Ethik in Gegensatz gebracht zu dem Begriff der *„Individual"*-Ethik, die vom sittlichen Verhalten des Einzelnen und den Normen für sein Leben zu sprechen hätte, oder etwa, im Anschluß an die Ethik der Antike, von den „Tugenden“ des persönlichen Lebens. Hier unterschied man — z. B. in vielen Lehrbüchern der evangelischen Ethik — die christliche Person von den sog. „Gemeinschaftsordnungen“ und sprach in diesem Teil der Gesamt-Ethik z. B. von Ehe und Staat, Volk und Kulturgemeinschaft, Arbeit und Beruf, indem man erstens den Sinn oder das Ziel (Telos) dieser Gefüge zu erfassen und zweitens auszusagen versuchte, wie sich der Einzelne in der Ehe oder zum Staate sinngemäß zu verhalten habe.

Aber diese traditionelle Teilung der Ethik kann unmöglich aufrechterhalten werden. *Alle* Ethik ist schließlich und endlich „Sozial“-Ethik. Weder kann man aus der sog. Individualethik die Lehre vom sozialen Verhalten der Einzelnen ausgrenzen — denn er lebt in jedem Fall nicht als isolierter Einzelmensch, allein auf sich gestellt —, sondern als Glied der Gesellschaft (in verschiedenen Kreisen und Beziehungen) —, noch kann man in der „Sozial“-Ethik aufhören, vom Einzelnen, vom Individuum zu sprechen; denn von seinen Handlungen oder von seiner Verantwortung für die Institutionen der Gesellschaft muß die „Sozial“-Ethik unter allen Umständen sprechen, stellen doch alle Institutionen der Gesellschaft verschiedenartige Zusammenfügungen von Menschen dar, die ihr Personsein in diese „einbringen“, es in dieser aber nicht aufgeben oder einbüßen sollen. Die „Individual“-Ethik wird gesprengt, weil der Einzelne eine soziale und politische Existenz ist und als Einzelner nicht ohne diese begriffen werden kann; die „Sozial“-Ethik aber hat den personalen Charakter des Menschseins zu bedenken, wenn sie den Menschen in vielfältiger Weise als sozial-institutionelle Existenz begreift.

Die Begriffe Individual- bzw. Sozial-Ethik können daher lediglich verschiedene Akzentsetzungen, nicht aber „Teile“ der Ethik definieren. Was nun den Gebrauch des Wortes „sozial“ anbelangt, das massenhaft verwendet, zu den Lieblingsworten unserer Epoche zählt, so ist wohl zu beachten, daß in diesem ein allgemeiner und ein besonderer Sinn verbunden sind. Im ersteren Sinne bezeichnet es jede

Art der Einfügung von Menschen in einen sozialen Verband oder die „soziale Natur", als Wurzel dieses Faktums, als die Sozialität des Menschen, der immer mit seinesgleichen zusammen lebt, was man etwa auf den sog. „Gesellungstrieb" zurückgeführt hat. Doch seit der großen, sozialen Umwälzung des 19. Jahrhunderts und dem Aufkommen der „sozialen Frage" hat das Wort „sozial" noch einen besonderen, gleichsam historisch-ethischen Sinn: In ihm liegt das Bewußtsein der sozialen Krisis und der ethische Appell, diese durch „soziales" Verhalten wie auch durch bestimmte soziale Einrichtungen, Gesetzgebungen und Reform-Bewegungen zu überwinden. Sprechen wir in dieser unserer Gesellschaft von Sozialethik, so wird sich unvermeidlich dieser Doppelsinn Geltung verschaffen, und mit Recht; denn nur in einer stabilen, standortgebenden, unerschütterten Gesellschaft könnte man von „sozial", „sozialem" Verhalten u. dgl. ohne das *kritische* und zugleich *fordernde* Pathos sprechen, das (spätestens seit etwa 1848 in Deutschland) aus diesem Worte hervorbricht. Auch der Begriff „Sozialpolitik", den frühere Gesellschaften nicht gekannt haben, ist hierdurch bedingt; denn die gesellschaftliche Umwälzung macht neue Formen des politischen Handelns, z. B. zur Bewältigung der sozialen Ungesichertheit des Lohnarbeiters in der Industrie, erforderlich.

Geben wir uns Rechenschaft von dieser Geladenheit des Wortes „sozial", so dürfen, ja sollen wir in der gegenwärtigen Situation der modernen Gesellschaft an der besonderen Akzentuierung der Sozialethik festhalten; denn die in krisenhaften Umformungen lebende Gesellschaft bedarf in ganz anderem Maße als die traditionell gehaltene und gesicherte der Erwägung der sozialethischen Bindungen, die ihr nottun, insbesondere auch der Untersuchung des Verhältnisses von *Mensch und Institution* und der Macht, mit welcher die Institutionen auf den einzelnen Menschen einwirken. Wir verstehen unter „Institution" alle sozialen Ordnungen und Gefüge, die den Einzelmenschen mit Eigenmacht und prägender Formungskraft in sich verfassen, einschließlich aller Verhaltensstrukturen von Personen, die durch Institutionen herausgebildet bzw. von diesen erfordert werden und relative Dauer besitzen. Person und Institution sind untrennbar; der Mensch wird durch die Annahme und den Vollzug des Lebens der Institutionen zur geschichtlich wirkenden und zur geformten Person. Die Institution ist nicht nur feste, vorgegebene Form, sondern Vorgang und Geschehen.

Fraglos sind genauere Unterscheidungen in der Vielfalt der Institutionen notwendig. Wir müssen uns jedoch auf folgende beschränken:
1. auf die Heraushebung von Institutionen, die dem geschichtlichen Leben der Gesellschaft zu allen Zeiten das Fundament geben, wie Ehe (Familie) und politisches Gemeinwesen; hier greift in den allgemeinen (sozialwissenschaftlichen) Begriff die sozial-ethische Qualifizierung ein. Zahlreiche andere Institutionen dagegen verschwinden mit dem Gesellschaftssystem, dem sie angehören (Zünfte, Stände, Kasten u. a.). Auch der heutige Produktionsbetrieb dürfte keine „ewige“ Institution sein. Sodann unterscheiden wir
2. zwischen Institutionen wie den rationalen Organisationen einerseits (z. B. Interessen-Verbänden), die nur zweckmäßig sind, und solchen Institutionen, die in ihrem Sein, in sich selbst die ethische Anforderung tragen, sie anzunehmen und zu realisieren; in dieser Hinsicht unterscheidet sich z. B. die Familie oder eine Korporation von der rationalen Ordnung eines Produktionsbetriebes, der zwar auch sozialethischen Anforderungen zu unterstellen ist, aber kein Ethos aus sich selbst hervorbringt (es sei denn die in amerikanischen Betrieben angeschlagene Aufforderung: „Denke!“ — die der rationalen Struktur des Betriebes entspricht).

3. *Christliche Sozialethik und moderne Gesellschaft*

Die Umwälzung der Gesellschaft (seit 1789, der französischen Revolution) hat auch einen bedeutsamen Umformungsprozeß der christlichen Sozialethik und Soziallehre in Bewegung gesetzt, der Denken und Handeln der beiden großen Kirchen in Deutschland betraf. Die alten, durch Überlieferung und christliche Deutung und Legitimierung derselben geheiligten Ordnungen der vor-technischen, vorindustriellen, ständisch-hierarchisch gegliederten Gesellschaft zerfielen zusehends. Die Emanzipation und Befreiung des Einzelnen setzte sich durch; neue Formen der Wirtschaft und Produktion brachen sich mit außerordentlicher Gewalt Bahn; politische Revolutionen führten die Demokratie zum Siege; das industrielle Proletariat bildete sich und forderte eine neue Ordnung der Gesellschaft, — wir können diesen oftmals dargestellten, geschichtlichen Prozeß hier nicht erneut schildern. Jedenfalls, er brachte für die christliche Sozialethik gänzlich neue Probleme und Aufgaben hervor; sie sah sich einem gewandelten Menschen und neuen sozialen Strukturen der „mündigen Welt“ gegenüber. Ihre Grundgedanken und Traditionen mußten sich an dieser ungewohnten, fremdartigen sozialen Wirklichkeit neu bewähren; sie mußten im Feuer der sozialen Revolution umgeschmolzen und neu durchdacht werden. Dieser große Umbildungsprozeß ist noch in vollem Gange. Das Übergreifen der technischen, ökonomischen, politischen und sozialen Umwälzung nach Asien und Afrika erweitert und vertieft den Prozeß des christlichen Umdenkens, wie die Dokumente der ökumenischen Bewegung schlüssig beweisen, aber es vermehrt und verschärft auch die ungemeinen Schwierigkeiten der inneren Umstellung, die sich ja im sozialen Handeln der Kirche realisieren muß. Schließlich ist die ganze Christenheit in eine weltweite Auseinandersetzung mit dem Kommunismus hineingezogen. All' dies bedeutet nicht mehr und nicht weniger, als daß die christliche Ethik und Sozialethik in dieser werdenden, sich umwälzenden Gesellschaft eine neue Gestalt annehmen muß, welche die „alten“, vortechnischen Sozialordnungen Europas oder Afrikas nicht mehr zu ihrer Voraussetzung machen und nicht mehr als das Gegenüber ihres Zeugnisses, ihrer ethischen Imperative und sozialen Leitbilder ansprechen und behandeln kann. Die christliche Sozialethik hat sich vielmehr mit einer ganzen Welt von gesellschaftlichen Einrichtungen und Tendenzen auseinanderzusetzen, die es in rund 1800 Jahren der Kirchengeschichte *nicht* gegeben hat, in welchen die christliche Ethik und Sozialethik ausgebildet worden ist und eine reiche Überlieferung nicht nur des Denkens, sondern auch des praktisch-ethischen Vollzugs (Ethos) und der Anweisung zum Leben in den vormaligen Institutionen geschaffen hatte. Kein Wunder, wenn ein derartiger Umschmelzungsprozeß weit mehr als 100 Jahre braucht. Man begreift von hier aus auch wohl die Extreme, die er hervorbringt: Klage und Trauer über den Verlust des Alten, so vieler ehrwürdiger und gehaltvoller Lebensformen und Einrichtungen (von der Großfamilie und der Nachbarschaft bis zum Königtum oder der Ordnung der Stände), — begeisterte Hymnen auf das Neue, auf die Freiheit und Gleichheit, den unermeßlichen Fortschritt der Technik und der Wissenschaften, — hier der pessimistische Konservativismus, der ringsum nur Zerfall und Auflösung sieht, — dort die optimistische Anpassung an die neuen Mächte und Formen der Gesellschaft. Für den Einen ist der Glaube an den Fortschritt Sünde, für den Anderen der Widerstand gegen die Emanzipation und die Weltlichkeit der neuen Gesellschaft. Solche Gegensätze bezeichnen die Schwierigkeiten sehr drastisch, in denen sich die christliche Sozialethik inmitten der neuen, technisch-industriellen Gesellschaft vorfindet. Führt ein Weg über diese Alternativen hinaus? Das ist eine Hauptfrage für die christliche Sozialethik in der heutigen Situation. Sie kann sich nicht isolieren und in ein Jenseits der Gesellschaft zurückziehen; sie existiert allein in der Relation zu den geschichtlichen Realitäten der Gesellschaft — damals oder heute; sie ist dazu bestimmt, sowohl der heutigen, christlichen Gemeinde zu dienen wie allen Menschen zu helfen, die in der heutigen Gesellschaft leben und handeln.

Demnach hätte also die christliche Sozialethik sowohl eine *kirchliche* als auch eine *universal-humane* Bestimmung und Aufgabe?

Hiervon ist weiter unten zu handeln (vgl. Kap. I).

4. *Die Aufgabe der „Einführung“ und ihre Grenzen.*

Eine „Einführung“ muß sich beschränken. Sie kann weder eine Gesamtdarstellung der christlichen Ethik noch der Sozialethik geben, sondern nur eine Auswahl von Problemen darbieten, und zwar sowohl unter dem Gesichtspunkt ihrer grundsätzlichen Bedeutung als auch ihrer Aktualität in der heutigen Gesellschaft. Ein „zeitloses“ System sozialethischer Wahrheiten ist weder möglich noch erstrebenswert. Dieser Vorstellung liegt ein Mißverständnis des Evangeliums und der christlichen Ethik zugrunde. Denn diese werden *in* der Zeit an zeithaft-konkret daseiende Menschen verkündet. Die „Ewigkeit“ des göttlichen Evangeliums und Gebotes ist nicht „zeitlos“, sondern zeithaft und geschichtlich. Aber diese Sätze können hier nur unter der Bedingung gelten, daß die Sozialethik *christlich* begründet und verstanden werden müßte (vgl. dazu Kap. I).

Allgemein aber dürfte wohl gelten, daß auch ein philosophisches System der Ethik keine „Zeitlosigkeit“ in Anspruch nehmen könnte. Geschichtlicher Bezug und geschichtliche Realitäten können als Voraussetzung oder Prägung jeder philosophischen Ethik sichtbar gemacht werden. Das Leben und die Formen der Gesellschaft sind geschichtlich, die Geschichte aber offen und unübersehbar. So kann es keine Sozialethik geben, die allen geschichtlich realisierten oder zukünftig möglichen Ordnungen der Gesellschaft gerecht werden könnte. Es geht also um Sozialethik für *diese* Gesellschaft. Gemeint ist hiermit aber nicht eine Ethik der Anpassung und der Situation, die sich einbildet, aus der Situation die sozialethischen Maßstäbe herausholen zu können. So viel gibt keine geschichtliche Situation her, die von 1950—1965 ebensowenig wie andere. Die jeweils historisch gegebene Gesellschaft mag wohl ein Ethos haben, ob dieses aber vorbildlich und normativ genannt werden kann, das bleibt die Frage. Man kann also die Sozialethik nicht in eine bloße Situations-Ethik verwandeln, und dies um so weniger, als jene verengt ist durch die einseitige Richtung des Blicks auf den Einzelnen, aber nichts über die institutionelle Existenz in der Gesellschaft aussagt.

Die Aufgabe der Sozialethik jedoch ist es gerade, von den Anforderungen zu sprechen, denen der Mensch als „gesellschaftliches Wesen“ und die gesellschaftlichen Gefüge unterstehen. Dies kann freilich eine „Einführung“ nur an einigen Beispielen deutlich machen, d. h. an Problemen, die für die derzeitige Gesellschaft charakteristisch sind (Kap. II—IV).

Auch hinsichtlich der Begründung der Sozialethik sind ihre Möglichkeiten begrenzt. Diese Einführung wird daher nur an einigen Hauptpunkten den Begründungszusammenhang der Sozialethik verdeutlichen können, ohne sich in die Fülle der begrifflichen Möglichkeiten und christlicher oder nicht-christlicher Lehrmeinungen zu stürzen, die jeweils untereinander streiten. Wir heben solche Fragen hervor, in deren Beantwortung Entscheidungen von großer Tragweite fallen, wie z. B. diejenige zwischen dem christlichen Humanismus oder dem „absoluten“ Humanismus idealistischer oder marxistischer Prägung (Kap. I) oder das Problem der Stellung der Kirche in der modernen Gesellschaft (Kap. II) oder das politisch-ethische Problem der Demokratie (Kap. III). Die Aufgabe der Neuformung der sozialethischen Tradition ist bei allen diesen Fragen und Phänomenen gegeben.

Innerhalb der Grenzen einer solchen Auswahl, die auf jede Art von Vollständigkeit (im Stile eines Lehrbuches) verzichten muß, ist es die Aufgabe, sozialethische Hauptprobleme der heutigen Gesellschaft aufzuweisen, die alle Glieder der Gesellschaft angehen, und anzudeuten, wie christliche Sozialethik sich dieser Probleme annimmt und sie zu beantworten versucht oder versuchen sollte.

Hierbei ist *methodisch* wichtig, daß es sich nicht darum handelt, der modernen Gesellschaft das System einer „christlichen Gesellschaftsordnung“ aufzudrücken. Ein solches gibt es nicht. Wohl aber gibt es christliche Grundforderungen, die in *jeder* denkbaren Gesellschaft geltend zu machen sind, in welcher die christliche Botschaft verkündigt wird. Diese sind jedoch auf die Realitäten der faktischen

Gesellschaft zu beziehen. Andererseits bedeutet dieses Vorgehen nicht konformistische Annahme und Billigung der gegebenen sozialen Verhältnisse und Ordnungen. Diese dürfen nicht in sozialethische Normen oder Idealbilder umgefälscht werden. Wir haben demnach auch in der Sozialethik die Methode der *„Korrelation“* (P. Tillich) zu befolgen, d. h. der Beziehung von Frage und Antwort aufeinander. Die „Antwort“ stammt nicht aus der Frage, aber sie nimmt die Frage in sich auf, geht von der Frage aus, um über diese hinauszuführen. So ist das „Wort“ des Evangeliums zugleich „Antwort“, welche übrigens die kritische „Gegenrede“ nicht aus-, sondern einschließt.

Mehrfach ist im Vorhergehenden schon der Begriff *„Gesellschaft“* gebraucht worden. Er soll hier die Gesamtheit aller sozialen Bindungen und Gefüge bezeichnen, jedoch im Blick auf die historisch-konkrete, sog. „moderne“ Gesellschaft, in der wir leben, einschl. aller Institutionen, die sie hervorgebracht hat. Mit deren Problemen hat es die heutige Sozialethik zu tun, nicht mit denjenigen vergangener Gesellschaftssysteme. Im Gegensatz zu einer weit verbreiteten Tradition sprechen wir hier nicht von „Gemeinschaft“ bzw. „Gemeinschaftsordnungen“. Erstens deswegen nicht, weil dieser Begriff unter einer spezifisch deutschen Belastung steht, die aus der deutschen, romantischen und idealistischen Philosophie um 1800 stammt, und weil dieses Wort im englischen Sprachbereich kaum verstanden und wiedergegeben werden kann; sodann deswegen nicht, weil der Begriff „Gemeinschaft“ ungeeignet ist, wesentliche Strukturen der heutigen Gesellschaft zu erfassen; drittens deswegen nicht, weil seine Verwendung (was mit den beiden ersten Gründen zusammenhängt), immer wieder zu einer negativ-pessimistischen Beurteilung der modernen, industriellen Gesellschaft verwendet worden ist, die angeblich alle „Gemeinschaft“ bedroht oder gar ruiniert. Wir bestreiten andererseits nicht, daß es personale Verbundenheiten gibt (z. B. in der Ehe), die wiederum mit dem Begriff „Gesellschaft“ nicht hinlänglich erfaßt werden können. Aus denselben Gründen empfiehlt es sich nicht, die Größen

„Volk“ oder „Nation“ und verwandte in den Mittelpunkt der Sozialethik zu rücken, womit nicht abgeleugnet werden soll, daß diese Größen auch in der Differenzierung und Prägung der modernen Gesellschaft eine beträchtliche Rolle spielen. Aber die mit diesen Begriffen verbundene Ideologie (z. B. in Gestalt des Nationalismus, der Volkstums-Romantik) darf nicht in die Sozialethik Eingang finden. Außerdem gibt es heute mehr denn je sozialethische Grundfragen in vielen oder gar allen Völkern oder Kontinenten, die durchaus übernationalen Charakter tragen. Auch müssen, was die christliche Sozialethik anbetrifft, die landes- und nationalkirchlichen Grenzen des christlichen Denkens durchstoßen werden, und sie muß ökumenischen Charakter annehmen. Der umfassende Begriff der Gesellschaft korrespondiert dieser Denkweise. In welchem Sinne die Gesellschaft zum Gegenstand des christlichen Denkens (in der Sozialethik) gemacht wird, muß unten (Kap. II) näher dargelegt werden.

Endlich müssen in der Sozialethik *zwei* Aufgaben in ihrer Unterschiedenheit und Verbundenheit gesehen werden: „Ethik“ spricht von Forderungen an das menschliche Handeln und Wegweisungen für das Verhalten des Menschen in der Gesellschaft. Aber diese Aufgabe, sozialethische Maßstäbe zu formulieren, setzt die kritische Erfassung der gesellschaftlichen Wirklichkeit voraus, und sodann die Beantwortung der Frage, ob es Institutionen von verpflichtendem und beanspruchendem Range gebe, welche die Gesellschaft als menschliche Gesellschaft so qualifizieren, daß abgesehen von diesen — sagen wir vorläufig — „Fundamental-Institutionen“, die Gesellschaft ihren menschlichen Charakter verlieren müßte, und das Gemeinleben der Menschen, ihr Miteinander, zugrundegehen würde. Oder ist die menschliche Gesellschaft nur ein Sammelbegriff für den ständigen Wechsel von Sozialgebilden, die so und auch anders sein können, und denen keinerlei Verbindlichkeit innewohnt? Von Sozial-*Ethik* sprechen heißt u. a. auch, solche Verbindlichkeiten erkennen und anerkennen. Vom Relativismus, mag er sich historisch oder soziologisch geben, bleibt sie geschieden. Und auch über die bloße Beschreibung von faktischen, ethischen Konventionen in dieser oder jener, historischen oder gegenwärtigen Gesellschaft geht sie mit der Frage nach den Maßstäben und Leitbildern, nach Freiheit oder Gerechtigkeit oder Mitmenschlichkeit hinaus. Recht und Grenze faktischer, ethischer Konventionen und Verhaltensmuster in einer Gesellschaft lassen sich nur von dieser kritischen Frage her bestimmen. Diese Einsicht muß freilich von einem moralischen Radikalismus und Schwärmertum abgegrenzt werden, welche meinen, faktisches, gesellschaftliches Ethos, vollziehbare Konventionen des Zusammenlebens von vornherein als unter-sittlichen „Legalismus" verachten zu müssen, was u. a. zur Folge hat, daß Sitte und Recht nicht mehr in ihrer ethischen Bedeutung und Wirkung wahrgenommen werden können.

Wir haben in früheren Schriften die beiden oben genannten Aufgaben der christlichen Sozialethik mit dem Begriff „Theologie der Gesellschaft" zusammengefaßt. Wer diesen zu anspruchsvoll findet oder befürchtet, eine theologische Analyse der Kräfte und Trends der Gesellschaft würde allzusehr von einer Sozialphilosophie oder einer bestimmten soziologischen Theorie abhängig werden, der läßt zwar mit Recht Warnsignale hören, ist damit selbst aber keineswegs von der bezeichneten Aufgabe entbunden. Denn wenn er sich auf eine Lehre vom sozialen Verhalten der Christen und der christlichen Gemeinde im Umgang mit ihren Mitmenschen und den Institutionen der Gesellschaft zurückziehen möchte, so muß er doch eben für diese bestimmte Vorstellungen von der derzeitigen Situation des Menschen in der Gesellschaft und von der Aufgabe und der Reichweite ihrer Institutionen — wie etwa des Systems der sozialen Sicherheit oder des Industriebetriebes oder des Leistungsprinzips — voraussetzen bzw. in die Formung der sozialethischen Weisungen miteinbringen. Man mag also bei dem traditionellen Begriff „Sozialethik" verbleiben, — notwendig ist es, Klarheit über jene Voraussetzungen der ethischen Weisungen und Forderungen zu schaffen, die deren Bezug auf die gesellschaftlichen Realitäten ermöglichen. Hinzu kommt, daß die moderne Gesellschaft eine ganze Reihe gesellschaftskritischer Forderungen und Leitbilder entwickelt hat, konservative, reformistische und revolutionäre. Die christliche Sozialethik muß ihre Positionen im kritischen Dialog mit der Selbstkritik der modernen Gesellschaft verdeutlichen und abgrenzen. Auch für dieses Gespräch ist es erforderlich, über die Grenzen der bloßen „Ethik" hinauszugehen.

Kapitel I.

VORAUSSETZUNGEN UND GRUNDFRAGEN

1. Christlicher Humanismus als Leitbegriff der Sozialethik

Jede sozialethische Erwägung beruht auf Vorentscheidungen. Wenn wir den Begriff des christlichen Humanismus zum Leitbegriff der Sozialethik und zum Prinzip des „sozialen Handelns" in der Praxis des gesellschaftlichen Lebens erheben, so ist damit eine Vorentscheidung von großer Tragweite getroffen. Denn die Aufstellung dieses Prinzips bedeutet die Ablehnung jeder Auseinanderreißung von Kirche und Gesellschaft, Glaube (im Sinne des christlichen Glaubensbekenntnisses) und sozialer Wirklichkeit, und damit auch der Auffassung vom Glauben als einer Sondersphäre neben der Gesellschaft, der Kultur und dem politischen Leben. Der christliche Humanismus bezeugt die vorlaufende, vorauszusetzende *Einheit* der menschlichen Existenz in allen ihren „Bereichen" oder Dimensionen, und zwar als eine Einheit von Gott her, der den Menschen zu seinem Ebenbilde geschaffen (Herkunft) und zugleich dem Menschen seine letzte Bestimmung gesetzt hat, Teilhaber an und in seinem „Reiche" zu sein, welches die endgültige Befreiung und Vollendung des Menschen, Erlösung aus aller Entstellung und Entfremdung des Menschen von Gott und dem Mitmenschen in sich schließt (Zukunft). Der christliche Humanismus ist begründet in der Einheit der drei Artikel des christlichen Glaubens. Darum darf er nicht als eine „christliche Idee" oder ein christlich-ethisches Prinzip mißdeutet werden, das man aus dem Glauben herausdestilliert, um allgemein verstehbare und verwendbare Maßstäbe und Zielsetzungen zu gewinnen. Das Eigenschaftswort „christlich" ist nicht ein Beiwort, das den religiösen Hintergrund angibt, aus dem einmal der abendländische Humanismus entstanden ist und von dem er sich dann abgelöst hat, sondern Wesensbestimmung. Entweder kommt das „Christliche" von Christus her, oder es ist entleert. *Christlicher* Humanismus ist Glaube, Liebe und Hoffnung — für den Menschen, im Dienste der Menschen. Es handelt sich also nicht um eine billige Kompromißformel, die man solchen anbieten wollte, die die „christliche Ethik" ganz respektabel finden, doch zur Bedingung machen, daß sie mit dem christlichen Glauben nicht belästigt werden. Eine solche Moralisierung würde den christlichen Humanismus sowohl seiner Wahrheit als seiner Kraft berauben. Die christliche Ethik bezeugt in ihren Aussagen den christlichen Glauben.

Andererseits aber redet der christliche Humanismus von jenem realen Menschen, als den wir uns alle kennen, Nichtchristen wie Christen, nicht aber von einem sternenweit von uns entferntem Idealbild. Der christliche Humanismus ist „realistisch": Der leibhafte, sterbliche, geschichtliche Mensch in allen seinen Beziehungen und Einordnungsverhältnissen, d. h. als gesellschaftliches Wesen, ist der Mensch, für den er denkt und handelt, dessen Größe und dessen Grenze er so bestimmt, daß er ihn immer in der Perspektive der Herkunft (Geschaffensein) und der Zukuft (eschatologische Bestimmung) sieht und erfaßt. In dieser Weise rückt der christliche Humanismus den Menschen in den Mittelpunkt der Sozialethik. Der christliche Humanismus ist zweitens *kritisch,* und zwar in einem eigentümlichen Sinne, der über den wissenschaftlichen Sinn dieses Wortes (kritisch prüfende Vernunft) weit hinausreicht. „Kritisch" heißt in unserem Zusammenhange die Konfrontation des Menschen mit Gott, mit seinem Nächsten und mit seiner letzten Bestimmung zur vollkommenen Freiheit und vollendeten

Humanität. Diese Gegenüberstellung zeigt aber den Menschen im Zustande der *Entfremdung* von Gott, dem Nächsten und seiner Bestimmung. Das ist nicht die Entfernung zwischen Ideal und Wirklichkeit, Sollen und Sein, mit welcher sich die idealistische Ethik befaßt, die ja durch fortschreitende Annäherung an das Ideal verringert werden könnte, sondern die Urzerrissenheit des Menschen, die wesenhaft und schicksalhaft ist für seine reale, geschichtliche Existenz, die er ist und die er lebt — sein Elend, seine Gefangenschaft, unüberwindbar selbst durch seine höchsten Kräfte, idealistische Anstrengungen und revolutionäre Umgestaltung der Gesellschaft. Deren geschichtliches Ausmaß und Wirkung können zwar ungeheuer sein und Jahrtausende bestimmen, aber die geschichtliche Existenz des Menschen in der Entfremdung von Gott sprengen sie nicht.

2. *Bürgerlicher und marxistischer Humanismus*

Hier liegt der Hauptgegensatz zu anderen Formen des Humanismus, so zu dem bürgerlichen Humanismus, innerhalb dessen die drei Typen des revolutionär-rationalen, des klassisch-idealistischen und des romantischen unterschieden werden können, die sämtlich bis in unser Jahrhundert nachwirken. Vom bürgerlichen Humanismus muß der *marxistische* unterschieden werden, vor allem, insofern dieser den Menschen als leibhaften, sinnlich-tätigen und geschichtlichen Menschen erfaßt, der durch seine Arbeit sich und seine Welt (Gesellschaft) erschafft, zugleich aber dem Geschick der Entfremdung von seiner Arbeit, seinem Mitmenschen und sich selbst verfällt. In der neuen, klassenlosen Gesellschaft werden jedoch durch die Tat des Menschen (in der historischen Gestalt und Sendung des Proletariats) alle Entfremdungsverhältnisse aufgehoben; jetzt entfaltet sich der Mensch zu seiner Blüte, zu seinem Reichtum.

Voraussetzung *aller* dieser Formen des Humanismus (von denen jede in besonderer Weise geschichtlich mit dem christlichen Humanismus verbunden ist), ist die *Autonomie* oder Selbstermächtigung des Menschen in seinem Schöpfertum, wenn auch der romantische Humanismus auf die Autonomie kritisch reagiert und vergeblich versucht, den Menschen durch Beschwörung seiner Herkunft in eine sakrale Ordnung zurückzunehmen und seine Vernunft mit religiösem Gehalt zu erfüllen. Der Idealismus versteht den Menschen aus seiner Einheit mit dem göttlichen oder absoluten Geiste, indem er Freiheit und Autonomie des Menschen gerade aus dieser Einheit positiv begründet. Trotz der romantischen Antithese und der idealistischen Synthese kommt schließlich der „absolute Humanismus" (A. Rich) zum Zuge, der den Menschen radikal als den Schöpfer und Vollender seiner selbst und der Gesellschaft verehrt und Gott nur noch als die Beraubung des Menschen verstehen kann, als den, der den Menschen unmündig, unfrei macht und ihn entwürdigt (K. Marx).

Zwischen dem „absoluten" Humanismus und dem christlichen fällt die Grundentscheidung, der die Sozialethik nicht ausweichen darf. Natürlich ist eine Sozialethik möglich, die auf den idealistischen Humanismus (sei es Kants, sei es Hegels) zurückgreift. Der soziale Humanismus unserer Tage zeigt solche Züge: Man will auf „ewige Werte", auf „metaphysisch" begründete Fundamente für die Gesellschaftsgestaltung zurückgehen, auf das wahre Wesen des Menschen, auf seine Bestimmung zur Humanität (so auch im freiheitlichen Sozialismus, der den metaphysischen Materialismus überwinden will). Der geistig wenig profilierte, untergründig jedoch starke Konservativismus lebt auch heute noch — in und außerhalb der Kirche — vom romantischen Humanismus und seiner antirevolutionären Grundtendenz.

Aber diese Formen des Humanismus können wir nicht zur Grundlage der Sozialethik in der heutigen Gesellschaft machen. Der romantische Humanismus führt zu einer „Rückwärts-Utopie". Die Freiheit, die Mündigkeit der Vernunft, die Emanzipation des Einzelnen und die Weltlichkeit unserer Gesellschaft können nicht in eine sakrale Ordnung zurückgenommen werden. Die Entleerung der Freiheit und der Gleichheit muß auf einem ganz anderen

Wege angegriffen werden. Der bürgerliche Idealismus kann die Entfremdung des Menschen weder als Ur-Entfremdung noch als gesellschaftliche Bedrohtheit des Menschen realistisch erfassen. (Hegels Begriff der Entzweiung hat er nicht aufgenommen.) Er setzt sich mit dem Fortschrittsglauben und einer Idealisierung des Menschen über die Entfremdung hinweg (das ist seine Schwäche gegenüber K. Marx). Aber der marxistische Wunderglaube an den Durchbruch ins Reich der Freiheit und des allseitig reich entwickelten Menschen ist letztlich auch wieder eine idealistische Utopie zukünftiger Wiederherstellung des Menschen durch den Menschen. Die Begründung der Utopie durch die historische Dialektik im Sinne des geschichtlichen (nicht naturwissenschaftlichen, nicht metaphysischen) Materialismus ändert nichts daran, daß hier eine Endreichs-Erwartung eingreift, die schon die Struktur der Dialektik (Klassencharakter der Gesellschaft, Erniedrigung des Menschen) von vornherein bestimmt. Aufzunehmen haben wir jedoch den „realen Humanismus" von Marx darin, daß wir nach der Entfremdung des Menschen in *jedem* gegebenen Gesellschaftssystem fragen und die *sozialen* Phänomene der Entfremdung aufdecken, statt sie „idealistisch" zu verdecken.

Hier wird auch die Grenze jener personalistischen Ethik im Protestantismus deutlich, die den Einzelnen auf sein Gewissen und seine Verantwortung in der Gesellschaft anredet. Dieser Personalismus sieht nämlich nicht, welchen Mächten der Mensch in der modernen Gesellschaft gerade dadurch ausgesetzt ist, daß er zum abstrakten Individuum und auf sich gestellten Einzelwesen gemacht worden ist. Als dieses aber ist er der Wirklichkeit nicht mächtig, und er kann der Entfremdung nicht widerstehen. Die Sozialethik kann nicht einseitig „personalistisch" sein, wie sie auch nicht einseitig „sozialistisch" sein kann. Sie beruht auf der Dialektik von Person und Gesellschaft. Wir stellen die These auf, daß diese Dialektik allein im *christlichen* Humanismus recht begründet werden kann, der aus dem Widerstreit des bürgerlichen und des marxistischen Humanismus herausführt.

Diese Position ist nicht so mißzuverstehen, als ob nun der kritische Dialog mit den anderen Formen des Humanismus zu Ende wäre. Im Gegenteil, dieser beginnt jetzt erst recht, wofür in unserem Zusammenhange freilich nur einige Beispiele gegeben werden können.

Ist es unwahr und unrecht, wenn der bürgerliche Humanismus die Forderungen der Freiheit und Gleichheit, der sozialistische vorzügliche Leitbilder der sozialen Gerechtigkeit und der Mitmenschlichkeit entwickelt hat? Sollen wir in der christlichen Sozialethik darauf verzichten, solche „allgemeinen", d. h. jedermann verständlichen Maßstäbe aufzunehmen und sie kritisch auf die vorfindliche Gesellschaft anzuwenden? Ist die ethische Einsicht zu verwerfen, die sich in ihnen ausspricht? Keineswegs. In der — freilich wiederum kritischen — *Auf- und Annahme* dieser gesellschaftskritischen Richtschnuren sehen wir die Denkweise des christlichen Humanismus zum präzisen Ausdruck kommen. Daß Menschen nach Gerechtigkeit oder Freiheit fragen, ist nicht von der christlichen Ethik zu verurteilen. Daß sich ein — gewiß relatives — faktisches Ethos der Gesellschaft an solchen Maßstäben bildet, daß diese öffentliche Anerkennung finden, wenngleich zahllose Einzelne und gesellschaftliche Gruppen sie nicht realisieren, ist gleichfalls nicht verdammungswürdig. Auch Christen sollen erkennen und tun, was „recht und billig", was „tugendhaft" ist, was vom gesellschaftlichen Ethos als anständig und gut bezeichnet wird (Phil. 4,8; Kol. 4,1; Röm. 13,3—4). Dies gilt für Christen wie Heiden oder für die säkularen „Nach-Christen" von heute, für alle und an allen Orten, wenngleich modifiziert durch die geschichtlichen Bedingungen verschiedener Gesellschaftsträger, durch mannigfaltige und oft gegensätzliche Auslegungen und ethische Traditionen. Hier kommt nun die *christliche Solidarität* mit dem Menschen und seinem Ethos ins Spiel, die den Christen und die christliche Gemeinde zum Weggenossen und Partner des Menschen, jedes Menschen macht. Es ist freilich die Partnerschaft der *Liebe*, jener Liebe, die in der Person Christi Mensch ist, die dieser christlichen Solidarität ihren Inhalt gibt, jener Liebe, die Sinnerfüllung und Vollzug aller Gebote, der Zehn Gebote wie aller Anforderungen der gesellschaftlichen Ethik ist, die von Mitmenschlichkeit und Gerechtigkeit spricht. Die Liebe bewahrt diese Normen vor der Entleerung, vor dem Herabsinken zu Abstraktionen oder zu Spielregeln im Dienste der Macht dieser oder jener Gruppen; sie bewahrt den Menschen vor der Aushöhlung der Personalität.

Wenn die Gefährdung des human-gesellschaftlichen Ethos von der überwindenden Fülle der Liebe her erst ganz erkennbar wird, so tritt auch die Grenze ins Licht, die der christliche Humanismus gegen den *Utopismus* zieht.

3. Humanistische Utopie und christliche Erwartung

Der bürgerliche wie der marxistische Humanismus gipfeln in Utopien, sei es der völlig egalitären Gesellschaft (absolute Gleichheit aller), der machtlosen Gesellschaft (die nicht mehr der politischen Gewalt bedarf), sei es des Reichs der vollendeten Freiheit und Humanität. Entweder führt eine aufsteigende Entwicklung oder die geschichtliche Dialektik der Gegensätze zur Erreichung dieses Zieles am Ende der Menschheitsgeschichte. In der „neuen“ Gesellschaft ist alle Zerrissenheit aufgehoben. Träger dieses Prozesses der vollkommenen Humanisierung der Gesellschaft ist der Mensch, gleichviel ob mehr an den Einzelnen oder mehr an die Gesellschaft gedacht wird, ob der Mensch als determiniert oder als frei oder als Organ des schöpferischen Weltgeistes gesehen wird. Utopie im Sinne der Illusion ist die Erwartung, dieses Reich der Vollendung könne innerhalb der Geschichte geschaffen werden, ist der Optimismus, die Überschätzung der Vernunft und der Macht des Menschen, die Unterschätzung der Sünde und aller Dämonie in der Geschichte.

Aber die christliche Kritik der humanistischen Utopien darf doch nicht so gefaßt werden, als ob der christliche Humanismus keine Zukunftserwartung habe und nur ein sinnloses Auf und Ab des geschichtlichen Wogenschlages kenne. Der christliche Humanismus steht in der Erwartung des „Reiches Gottes". *Dieses* wird das wahre Reich des Menschen sein. Allein im Reiche Gottes werden die Hoffnungen der Menschheit erfüllt, und die Bestimmung ihres Menschseins erreicht, was unter den Bedingungen der Entfremdungs-Existenz nicht möglich ist. Diese Zukunftsbezogenheit dirigiert den christlichen Humanismus; denn ohne diese würde er zur bloßen normativen oder Gesetzes-Ethik, ohne Antwort auf die Frage nach der *endgültigen* Überwindung der Entfremdung absinken, welche für die geschichtliche, menschliche Daseinsweise eine end-zeitliche sein muß. Ohne die Zukunftserwartung würde sich der christliche Humanismus in eine „christliche Herkunfts-Lehre" verwandeln, die bloß ein Ur-sein oder Geschaffen-sein des Menschen kennen und sein geschichtliches Dasein allein auf den Ursprung zurückbeziehen würde. Ohne „eschatologische" Ausrichtung, d. h. ohne Erwartung und Hoffnung wäre der christliche Humanismus übrigens auch den anderen Formen des Humanismus unterlegen; lange Zeit ist es die Schwäche der christlichen Ethik gewesen, daß sie dem Marxismus gegenüber nicht in der Lage war, aus der eschatologischen Erwartung Folgerungen zu ziehen für die Beurteilung und Gestaltung der Gesellschaft.

Aber Gott hat sich nicht damit begnügt, die Welt geschaffen zu haben und ewig ihren Fall in Schuld, Dämonie und Tod mitanzusehen. Das hat auch der christliche Humanismus zu respektieren. Der Gott der Herkunft ist der Gott der Zukunft. Darum überschreitet der christliche Humanismus das Gewordene, ja die Geschichte überhaupt, in der Richtung „nach vorn" (P. Tillich). Das heißt, die christliche Kritik der Utopie ist gegründet in der Erfüllung aller Utopie im Reiche Gottes. Der negative Nachweis, was der Mensch alles *nicht* kann, ist kein ausreichendes Argument gegen die Utopie, deren Geist das Verlangen nach Befreiung und Vollkommenheit ist. Die fortgesetzte Enttäuschung, die mit der Nicht-Erfüllung der Utopie auf dem Boden dieser Welt und Geschichte unlöslich verbunden ist, kann nicht durch Hoffnungslosigkeit, sondern allein durch die *wahre* Hoffnung überwunden werden.

Christlicher Humanismus ist *tätige*, d. h. dem Menschen dienende Erwartung des Reiches Gottes als der endgültigen Befreiung des Menschen. Damit ist er von aller ontologisch, „naturrechtlich" (s. u. 7.) oder in sog. „Werten" sich gründenden Ethik unterschieden. Aber zugleich ist er universal offen für den Menschen und für alle ethische Forderung an den Menschen. Die Wiederherstellung des Menschen in Christus ist sein Ausgangspunkt. Darin kommt der Mensch zu seinem Recht und zu seiner Wahrheit. Die christliche Ethik fügt nicht zu den ethischen Forderungen des Humanismus noch ein paar christliche *Sonder*-Gebote hinzu. Es geht ihr um den Menschen, um Freiheit, Gerechtigkeit, Mitmenschlichkeit, Menschenwürde und Frieden, wie allen Menschen. Aber sie kommt von dem „neuen Sein" des Menschen in Christus her, von dem geschichtlichen Ereignis der Aufhebung der Gefangenschaft und der Entfremdung des Menschen. Diese ist das Vorzeichen der kommenden Vollendung und die Ermächtigung zur Liebe, zum Dienst am Menschen, im offenen Widerspruch zu der scheinbar ebenso endlosen wie sinnlosen Qual geschichtlicher Existenz von Menschen, Völkern und Gesellschaften, die schließlich ins Nichts dahinsinken. Nihilismus oder Utopismus ist jedoch nicht die Alternative, vor welcher der christliche Humanismus steht. Seine Erwartung für den Menschen ist nicht utopisch im negativen Sinne, und sein durchdringender Realismus ist weder zynisch noch nihilistisch.

Daher sieht er das Handeln in der Gesellschaft und die Kritik an gesellschaftlichen Zuständen nicht als sinn- und fruchtlos an. Er nimmt alle Wahrheit der humanistischen Gesellschaftskritik in sich auf. Er entwickelt im kritischen Dialog mit dieser die „reale Utopie" eines gesellschaftskritischen Leitbildes, einer sozialethischen Zielsetzung für diese geschichtliche Gesellschaft, für den Menschen in dieser; er bejaht die geschichtliche *Begrenzung* der Zielsetzung (z. B. „soziale Gerechtigkeit", „Widerstand gegen alle Entmenschlichung des Menschen", „übernationale Rechtsordnung") als Bedingung der konkreten Fassung und Zuspitzung der sozialethischen Maßstäbe. Es geht um die *geschichtlich-konkrete* Gerechtigkeit für bedrängte Gruppen der menschlichen Gesellschaft, für Vertriebene oder Arbeitslose oder Eigentumslose oder Diskriminierte; somit ist diese Gerechtigkeit weder als Zielsetzung noch als Verwirklichung der Geschichte enthoben, nicht absolut; aber sie ist real, konkret und eben hierin Erfüllung der Forderung in Bezug auf die Lage bestimmter Gruppen in der Gesellschaft, — relative, doch wirklich gewordene Gerechtigkeit. Sind doch auch die Taten der Nächstenliebe immer zeitlich und sachlich eng begrenzt, wie das biblische Urbild des barmherzigen Samariters aufs klarste zeigt, und eben hiermit wirklicher Gehorsam gegen das Liebesgebot Christi, dessen Geheimnis es ist, in seiner Universalität immer und allenthalben konkret zu sein, ob wir nun die handelnden Personen oder die Mittel des Dienstes oder die Wirkungen der Hilfeleistungen ins Auge fassen.

So tut die Liebe menschliche Werke, das menschlich Gute, das, was alle, Heiden oder säkulare Nicht-Christen, für gerecht, vernünftig, gut und hilfreich ansehen; solcher Übereinstimmung und Solidarität hat sich die Liebe Christi nicht zu schämen. Oft öffnet sie freilich den Mitmenschen überhaupt erst die Augen für das, was getan werden sollte; in der Entdeckung nicht erkannter Not war die „christliche" Liebe die Vorkämpferin der Humanität. Andererseits ist dieselbe Liebe auch die schärfste Kritikerin der Christen und der empirischen Kirchen, die schon von vielen Idealisten, Schwärmern oder Nicht-Christen durch Taten der Menschlichkeit und der Hingabe beschämt worden sind, da die göttliche Liebe sich „aus Steinen" Diener erwecken kann. Ihr Wirkensbereich ist die Welt, nicht eine Kirche oder die Kirchen; doch wenn diese sich selbst recht verstehen, so soll ihr „christlicher Humanismus" in guten Werken vor allen Menschen leuchten (Matth. 5,16; vgl. 5,7 u. 9; Eph. 2,10).

4. Der Bezug der christlichen Humanität auf Institutionen

Es wäre verfehlt zu glauben, die gesellschaftskritischen Maßstäbe der Sozialethik schwebten sozusagen frei in der Luft. Sind sie auf den Menschen in seiner sozialen Existenz im Miteinander der Menschen gerichtet, so ist dieses immer schon ein institutionell geordnetes; denn der Mensch steht in vielfältigen Einrichtungen, die die Kooperation in der Arbeit oder das Verhältnis der Geschlechter ordnen oder über den gesellschaftlichen Gefügen eine „politische" Macht zur Wahrung der Rechts-Ordnung, zur Erhaltung des Friedens, zum Schutze der Freiheit des Einzelnen konstituieren. Die genannten Institutionen stehen *nicht außerhalb* der sozialethischen Maßstäbe wie Gewalten eigenen Rechtes und absoluter Souveränität. So ist der Staat (nach Röm. 13,1 ff.) der Diener des Rechtes — nicht etwa sein Schöpfer, indem er das bürgerlich Gute befördert und den Täter des Bösen bestraft. Dazu ist der Staat von Gott „angeordnet"; er ist nicht normenfreie, absolute Macht. Gott hat Mann und Weib geschaffen; die Ehe schließt sie zur Einheit zusammen. Das Sein der Ehe ist in sich ein Sollen, das auf personales Verbundensein zielt. Diese Institutionen sind in sich selbst ethische Verbindlichkeit, die nach Übernahme und Vollzug ruft. Weder Person und Institution noch Institutionen und ethische Anforderung können getrennt werden. Gleiches gilt von der Institution Familie, die zwar auf der Ehe beruht, aber ihr eigenes institutionelles Gefüge hat.

Diese Beispiele sind nicht zufällig. Die sozialethische Tradition der Kirche hat im Anschluß an das Neue Testament diese — immer geschichtlich vorgegebenen — Institutionen eigentümlich hervorgehoben und als Anordnung Gottes, des Schöpfers und Herrn der Welt, verstanden. Daher sind sie — das ist ökumenische Tradition — von der christlichen Sozialethik durch zwei Jahrtausende als die Eckpfeiler der menschlichen Gesellschaft gewürdigt worden.

Sollen wir diese christliche Gemeinüberlieferung aufgeben? Es muß auffallen, daß andere gesellschaftliche Formationen, z. B. der Aufbau der Gesellschaft auf der Sklavenarbeit und der Gegensatz von Sklaven und Freien (Sklavenbesitzern) zwar im Neuen Testament gleichfalls unter eine sozialethische Norm gerückt wird, nämlich die des Gerechten und der Billigkeit (Kol. 4,1), daß diese gesellschaftliche Ordnung dagegen *nicht* als Anordnung Gottes verkündigt wird, obwohl die Sklaverei als so selbstverständlich gilt, daß ihre Aufhebung im Neuen Testament nicht gefordert wird, ja nicht einmal rechtliche Reformen derselben. Allerdings tritt durch die Aufnahme von Sklaven als Mitbrüder in die christliche Gemeinde von dieser Bruderschaft her das Menschsein des Sklaven neu in Sicht (Philemon-Brief); — jedoch hier interessiert uns zunächst, daß es gesellschaftliche Institutionen gibt, die *nicht* als von Gott geschaffen oder angeordnet qualifiziert werden. Sklaven sollen ihren Herren gehorchen und treu dienen, auch den „verdrehten" (1. Petr. 2,18), aber die Sklaverei ist nicht eine sakrale oder „gottgewollte" Institution, zu der sie freilich spätere Theologen zum Schaden der Kirche und der Sklaven erhoben haben. Als Fundament jeder menschlichen Gesellschaft kann sie demnach nicht gelten. Ihr kommt auch nicht eine ethische Verbindlichkeit durch sich selbst, d. h. ihr Sein als Institution zu, was wiederum nicht bedeutet, daß Sklaven und Sklavenbesitzer von der Norm der Gerechtigkeit bzw. der Gehorsamsforderung befreit wären. Ebensowenig werden andere Gruppierungen der spätantiken Gesellschaft mit besonderen Auszeichnungen versehen. Eine Heiligung der gesellschaftlichen Hierarchie findet nicht statt, obwohl der Kaiser zu ehren ist.

Hier bricht hindurch, daß Christus die Gesellschaft *weltlich* gemacht hat. Die kosmisch-politischen Götter des Geschlechts, der Ehe, der Polis usf. sind jetzt gestürzt. Aber diese Entgötterung des politisch-gesellschaftlichen Kosmos hat merkwürdigerweise nicht eine allgemeine, grenzenlose Relativierung zur Folge. Erstens deswegen nicht, weil er durch zwei Grund-Institutionen gehalten wird, die Ehe und die politische Gewalt, die zwar nicht absolut oder autonom sind, aber auch nicht vom Menschen aufgehoben werden dürfen. Zweitens deswegen nicht, weil auch die übrigen gesellschaftlichen Gebilde zwar angenommen und vorausgesetzt werden, das Verhalten in ihnen aber den Geboten der Gerechtigkeit und des Tuns des Guten (im Sinne des humanen Ethos der Gesellschaft, der sozialen Ordnungskraft der „lex naturalis", s. u. 7.) unterworfen ist.

Daher kann von „Eigengesetzlichkeit" weder im Blick auf Personen noch auf Institutionen die Rede sein. Die „Weltlichkeit" der Personen und Institutionen im gesellschaftlichen Gesamtbereich ist nicht als immanente Eigengesetzlichkeit, nicht als Welt ohne Gott, nicht als Macht ohne Bindung, nicht als Schöpfung des absoluten Menschen zu verstehen. Sie schließt jedoch auch die „heidnische" Weihe der Institutionen als dämonisch aus, und den Versuch, in die heiligen Ordnungen der „christlichen Gesellschaft" des Mittelalters zurückzukehren, nicht minder.

Also muß die Sozialethik auf der durch die Zeugnisse des Neuen Testamentes eröffneten Bahn der Weltlichkeit der Gesellschaft bleiben.

Etwas anderes ist die Frage, ob sie der von modernen Soziologen befürworteten Einebnung des Staates oder des Gemeinwesens (als politischer Ordnung und Integration, — die historische Begrenztheit des Begriffes „Staat" ist uns bekannt) zustimmen darf, die aus ihm eine Gruppe neben anderen, eine Ordnungsform unter anderen macht. Mögen Formen und Funktionen, Machtfülle und Integrationskraft des „Staates" in der Geschichte wechseln, — der Mensch bleibt bis zum Ende der Welt *politische* Existenz, — ob bloß deswegen, weil sonst die Sünde die Anarchie zur Folge haben würde und es Ordnung nicht ohne Macht geben kann, bleibe hier dahingestellt. Das Gemeinwesen bleibt jedenfalls eine fundierende Institution, wie auch seine innere Struktur sich ändern mag, und welche Gruppen den Staat tragen mögen. (Der Nationalstaat der letzten Epoche ist gewiß eine relative Struktur; es ist nicht wesensnotwendig für den Staat, nur eine einzelne Nation zusammenzufassen.) Immer aber muß für Ordnung, Frieden und

Recht Sorge getragen werden; die Macht, die diese erhalten und schützen kann, ist für alle daran teilhabenden Menschen und Gruppen das „Gemeinwesen“ (res publica). Aber die Ablehnung einer den „Staat“ erhöhenden Metaphysik (z. B. der Staat als „irdischer Gott“) darf nicht zur Entleerung und Herabsetzung der politischen Ordnung führen, welche die Freiheit des Einzelnen in der Rechts-Genossenschaft aller erhält. Die Perversion zum sog. totalen Staat, der die Freiheit aufhebt und das Recht radikal zur Technik der Machthaber politisiert, zerstört den Charakter des „Gemeinwesens“, trotz der entgegengesetzten Ideologien von „Volksgemeinschaft“ oder „Arbeiter- und Bauern-Staat“, und löscht seine *Dienst*-Aufgabe aus.—

Wir haben also festgestellt, daß der christliche Humanismus kritisch das gesellschaftliche Ethos aufnimmt, wozu noch hinzuzufügen bleibt, daß mit diesem verbundene Ideologien ausgeschieden werden, und daß er zweitens die alles Gemeinleben gründenden und bewahrenden Institutionen der Ehe (Familie) und des politischen Gemeinwesens annimmt und anerkennt, — in ihrer Begrenztheit auf die geschichtliche Existenz des Menschen, und ohne sich auf eine bestimmte Sozialstruktur (z. B. Großfamilie oder Kleinfamilie, Agrarwirtschaft oder industrielle Gesellschaft) im voraus prinzipiell festzulegen.

Dies genügt aber noch nicht, um den Bezug des christlichen Handelns auf die Institutionen zu erhellen. Der christliche Humanismus zielt auf Praxis; er ist keine umfassende rationale oder metaphysische Theorie der Gesellschaft. Es geht daher um das Verhältnis der tätigen *Liebe,* der Bruder- und Nächstenliebe, zu den Institutionen. In der apostolischen Urkirche tritt das Problem nur begrenzt in Erscheinung, innerhalb der Gemeinde, sofern nämlich deren Glieder als Ehegatten, Eltern und Kinder, Sklaven und Sklavenbesitzer zugleich in weltlichen, sozialen Zuordnungen und in der Gemeinde Christi leben. Später, als die Kirche ganze Gesellschaftskörper durchdrang und ganze Völker in sich aufnahm, erweiterte sich die Fragestellung und die sozial-ethische Aufgabe ins Unermeßliche.

Heute wiederum, da wir nicht mehr in einer umfassend von der Kirche geprägten Gesellschaft leben, ist das Problem anders und neu gestellt. Die christliche Gemeinde und die Christen haben es jetzt mit durch und durch weltlichen Gebilden zu tun, von der Vernunft organisiert und gesteuert. Andererseits: Gerade so sind sie Gottes, in seiner Welt, unter seiner Herrschaft, also weder absolut noch grenzenlos in ihrer Macht zur Bestimmung des menschlichen Geschickes und der Lebensweise der Menschen. Dies ist die *Grenze aller Institutionen* der Gesellschaft, einschließlich des Staates. Die „ewige", letzte Bestimmung des Menschseins wird durch sie *nicht* erfüllt.

Zweitens ist für das christliche Handeln, für die Liebe entscheidend wichtig die Einsicht in die geschichtliche Offenheit und Pluralität der Gesellschaftsformen (vgl. Kap. II); die Möglichkeiten zukünftiger Formungen sind unübersehbar. Nimmt die Sozialethik diese Offenheit der Geschichte auf Zukunft hin zur Kenntnis, so kommt die Festlegung auf *ein* Ordnungssystem überhaupt nicht in Frage.

Dies bedeutet nicht etwa den Verzicht auf christliches Handeln und christliche Gestaltung, so wahr das Reich Christi in der Welt ist. Der Dienst der Liebe am Nächsten geht auf Menschlichkeit und Gerechtigkeit in allen Institutionen aus. Er soll und kann (beides!) die Institutionen *verändern*, d. h. „vermenschlichen", im nie endenden Kampf mit der Objektivierung und Verdinglichung des Menschen, mit der dämonischen Verkehrung von einzelnen Institutionen (z. B. totaler Staat, allmächtige Partei, ökonomische Ausbeutung des arbeitenden Menschen usf.), mit der Ideologisierung des gesellschaftlichen Ethos durch „Weltanschauung" und Systemglauben, sei es der Idealismus oder der Materialismus, der Nationalismus oder der Kommunismus. Die Weltlichkeit der Institutionen wird durch diesen Dienst der Liebe erhalten. Er schafft nicht eine „christliche Gesellschaft", bewahrt aber ihre Menschlichkeit. Die rationalen Formen der modernen Gesellschaft (vgl. Kap. II) werden nicht in „Gemeinde" oder „Gemeinschaft" umgeschaffen. Aber sie bleiben leer, wenn nicht Kräfte der Mitmenschlichkeit in sie einströmen, wenn nicht personale Verantwortung sie belebt und steuert, und die kritische Frage nach der sozialen Gerechtigkeit sie kontrolliert. Nur dann, wenn dies geschieht, kann der ständig in die rationalen Systeme eindringende subjektive oder kollektive Machtwille gebändigt, und der Mensch in ein gesundes Verhältnis zu dem rationalen System gebracht werden, in das er eingeplant ist als Produktionskraft, als Leistungsträger, als Funktionär. Das rationale System wird nicht etwa aufgehoben, was ja bedeuten würde, die industrielle Produktion, die Versorgung mit Gütern unmöglich zu machen. Aber es wird geöffnet und offen gehalten; alle Sachgesetzlichkeit oder Sachgemäßheit wird aber als relativ erkannt, d. h. vor allem durch die Relation zu *anderen* Erfordernissen bestimmt, z. B. die ökonomischen durch die sozialen, das Profitstreben durch das Gemeinwohl, das Gruppen-Interesse durch die für alle geltende Rechtsordnung.

Wer die Nächstenliebe auf personale Einzelhandlungen einengt, kann ohne Zweifel nicht verstehen, daß das oben Gesagte etwas mit der Liebe als der Kraft christlicher Humanität zu tun hätte. Doch diese dient dem Menschen in Institutionen: Partnerschaft und Kooperation im Betrieb, soziale Gerechtigkeit im Gemeinwesen sind die um des Menschen willen notwendigen Verwandlungen der Liebe, die weltlichen Formen der Liebe Christi, die sich weder auf die Intimsphäre der Familie noch der Freundschaft noch einer christlichen Gemeinde beschränken lassen kann. Liebe handelt menschlich und mit weltlichen Mitteln; wie könnte sie sonst den Menschen erreichen? Sie schließt freilich alle Mittel aus, die den Menschen zerstören und ihn gegen seine Mitmenschen, Mitarbeiter und Partner kehren. Die realistische, christliche Liebe geht nicht von der Illusion aus, man könne einen Staat oder einen Industriebetrieb in ein soziales Idyll oder eine psychosomatische Klinik verwandeln. Wiederum darf diese Abweisung der sozialen Utopie nicht umgefälscht werden in den Satz, die Institutionen seien unveränderbar und unverbesserlich. Dies gilt weder von den rationalen Formen des Betriebes oder des Verbandes, noch von der überrationalen Institution der Familie. Institutionen sind keine festgegossenen Formen, sondern geschichtliche Vorgänge, die durch Personen überliefert, angenommen, aber auch fortgebildet werden. Geschichtliche Menschen bilden und verwalten sie. Sie können ohne Zweifel einen hohen Grad von Härte und Dauer, von fremder Kraft gegenüber dem Einzelmenschen beweisen, und doch fordern die besonderen Zwecke und Aufgaben der Institutionen ihre Veränderung; ohne diese würden sie der Gesellschaft, der sie dienen sollen, entfremdet werden; sie verlören ihre soziale Ordnungskraft oder ihre ökonomische Leistungsfähigkeit oder ihre erzieherische Ausstrahlung.

In den Institutionen, aber auch *an* ihnen geschehen die „guten Werke" der dem Mitmenschen dienenden Liebe, welche „Herrin und Meisterin" aller Gebote und Gesetze in der Gesellschaft ist. Diese menschlichen, guten Werke sind Mittel, durch welche die Herrschaft Christi deklariert wird; durch sie kämpft und siegt Christus, befreit er die menschliche Gesellschaft von der ideologischen Aufblähung und dämonischen Entstellung der Institutionen.

5. *Die Mächte der Verkehrung*

Mit dem in dieser Darstellung öfter auftauchenden Begriff der „Pervertierung" oder „Dämonie" (Dämonisierung) soll auf verderbte oder zerstörerische Strukturen und Kräfte in der Gesellschaft hingewiesen werden. Eine individualistische Ethik kann diese Realität nicht wahrnehmen. Sie spricht von den Verfehlungen oder der Sündhaftigkeit Einzelner. Die Sozialethik dagegen muß von zerstörerischen Dämonien in Gestalt von Ideologien oder von Mächten der Rechtszerstörung (Nationalsozialismus) oder von verderbten Herrschaftsverhältnissen (Unterdrückung, Ausbeutung) sprechen, d. h. von „sozialen Dämonien" oder „Strukturen der Destruktion" (P. Tillich), als von objektivierten Formen des Unrechts oder unmenschlicher Ordnungsgewalt, von der Wesenswidrigkeit und der Verkehrung von Gesellschaftsordnungen, so wie es auch eine dämonische Autonomie des Menschen gibt, die sich wider Gott erhebt, oder eine dämonische Wesenswidrigkeit von Kirchen, die weltliche Herrschaft ausüben und dem Sieg Gottes durch die Tötung Ungläubiger oder Abgefallener zu dienen meinen. „Dämonisch“ bedeutet, daß die Verkehrung zerstörenden *Macht*charakter annimmt, daß Menschen, Massen, geistige Bewegungen und Einrichtungen der Gesellschaft in den Bann des Dämonisch-Zerstörerischen geraten können (vgl. die Vernichtung der Juden durch das sog. „Dritte Reich“). Das sind geschichtlich-reale Mächte, nicht „Dämonen“ im Sinne der mythologisch redenden Religion, nicht aus der „Hölle“ emporsteigende „Teufel“, obwohl sie wahrlich den Betroffenen das Leben „zur Hölle machen“ und jede Art des Terrors, der Folter, der Zerstörung und Vernichtung von Menschen an Leib und Seele gebrauchen. Staat, Recht, Formen der sozialen Organisation (Partei) werden zu technischen Mitteln der dämonischen Ideologie oder Macht herabgesetzt und pervertiert; zahllose „friedliche Bürger“, wie von einer unwiderstehlichen Verführung befallen, werden die Träger der Vernichtung. Mit den begrifflichen Mitteln der Sozialwissenschaften oder der Rechtswissenschaft dürften solche Erscheinungen nicht zu fassen sein, ebensowenig mit einer Ethik, die nur von der Schuld und Verfehlung des Einzelnen spricht. Die individuelle Freiheit erliegt dieser umgreifenden Macht, welche die geschichtlich-sozialen Gefüge durchdringt und in Dienst nimmt; die Schuld der einzelnen Person, die hier nicht bestritten wird, liegt in dem Verfallen an solche pervertierten und entstellenden „Mächte“. Wer hier über „Dämonen-Angst“ oder Rückfall in mythologische Vorstellungen spottet, zeigt nur, daß er diese geschichtlich-sozialen Realitäten mit seinen rationalen und moralischen Kategorien überhaupt nicht wahrnehmen kann. (Dies zeigt sich auch in den unzureichenden Versuchen, den Nationalsozialismus soziologisch oder moralisch zu erklären.) Es ist kennzeichnend, daß solche „sozialen Dämonien“ sich gerade in der modernen Gesellschaft der radikalen Profanität, der Mündigkeit und Autonomie des Menschen erheben. Aber der Abbau der alten sozialethischen Bindungen, der Glaube an die Machbarkeit aller Dinge und die totale „Freiheit" schaffen eine Leere und Bodenlosigkeit, in welche diese Mächte einströmen.

Die Schwierigkeit, die sozialen Dämonien zu erkennen und zu bestreiten, ist offenkundig. Denn die wissenschaftlich-technische Zivilisation erweckt vordergründig den Eindruck, durch umfassende Rationalisierung und Versachlichung, durch Herstellung einer total beherrschten Ding-Welt mit allen Einbrüchen der Zerstörung und des Bösen fertig geworden zu sein. Das Gegenteil ist der Fall. An und in verschiedenen sozialen Größen wie der Nation oder der herrschenden Klasse setzt die Pervertierung an und ist immer bereit, diese Größen als ewige Ordnung oder als Heilbringer der Menschheit zu legitimieren und zu verherrlichen. Das Gleiche gilt von sozialen Reformbewegungen oder von Revolutionen, die gegen Unfreiheit und Unterdrückung sich erhoben haben. Der Glaube an die absolute Revolution entstellt und verkehrt die prophetische Kritik an ungerechten, sozialen Ordnungen, so im marxistischen Sozialismus. Es werden Heilmittel verwendet, die schlimmere soziale „Krankheiten" hervorrufen, als diejenige es war, gegen die sie erfunden worden sind.

Die Rede von den Mächten der Pervertierung ist zwar realistisch, aber nicht fatalistisch. Sie ist also dem Glauben an die vollständige Abhängigkeit des Menschen von sozialen Schicksalsmächten nicht gleichzusetzen, vielmehr eine notwendige Einsicht der prophetisch-christlichen Gesellschaftskritik. Sie spricht den Einzelnen nicht von Schuld und Verantwortung frei, aber sie sagt, daß der sog. gute Wille und das isolierte Einzelgewissen nicht ausreichen, um dem Bedrohtsein der gesellschaftlichen Existenz zu begegnen und so der Gerechtigkeit und der Mitmenschlichkeit zu dienen. Andererseits wird erst dann die ethische Verantwortlichkeit in ihrer sozialen Dimension aufgedeckt, wenn die Dämonisierung gesellschaftlicher Kräfte erkannt wird.

Die Frage nach der *Ausgangsposition* für den Kampf mit den Mächten der Pervertierung, für die ethische Bewährung des Einzelnen in diesem Ringen ist unausweichlich. Der innerste Widerstreit der modernen Gesellschaft verschärft diese Frage, da sie einerseits den Menschen vereinzelt, zum abstrakten Individuum macht, andererseits aber immer neue, durch Technik der Menschen-Manipulierung gesteigerte Formen der Abhängigkeit und Unfreiheit hervorbringt. Die Freiheit wird auf diese Weise ebenso fragwürdig wie die Ordnung.

6. Gesellschaft und Gemeinde unter der Herrschaft Christi

Es ist kein Zufall, daß in dieser Situation in der ökumenischen Bewegung, in vielen einzelnen Kirchen, in der Theologie und der Diakonie das Bekenntnis zur Herrschaft Christi über Welt und Gemeinde neuen Widerhall gefunden hat. Dabei wird diese Herrschaft nicht nur von der Zukunft der Welt ausgesagt, welche Gott ihr bestimmt hat, sondern als gegenwärtig-reale Macht des Wirkens Christi innerhalb und außerhalb der „Mauern“ der Kirche. Eine sonderbare Macht freilich, da sie nicht empirisch nachgewiesen, sondern allein durch den Glauben an Kreuz und Auferstehung Christi erkannt und erfahren werden kann. Eine verborgene Macht, die als Wahn und Betrug abgetan werden kann. Anhand des sittlichen und sozialen „Versagens“ der Kirche und der Christen wird der Beweis für die Ohnmacht Christi selber angetreten. Es gibt wahrlich noch viele „Götter und Herren“ in der Welt (mit Paulus zu reden) *nach* Christi Auferstehung, im Widerstreit gegen seine universale Weltherrschaft. Dieser Gegensatz von „Macht“ und Angefochtensein der Macht Christi ist rational unauflösbar. Die Auflösung ist vielmehr „eschatologisch“, d. h. nur durch die vollkommene Aufhebung der Entfremdung des Menschen von Gott, die zukünftige, endgültige Erlösung kommt sie zustande. Die christliche Gemeinde erwartet diese End-Befreiung. Sie handelt aus der Gewißheit dieser Befreiung aber schon jetzt. Sie dient der menschlichen Gesellschaft, weil sie mit und in ihrer Hoffnung die letzte Bestimmung des Menschen erschließt und deklariert. Sie sieht von dieser Hoffnung aus ihren Beruf, den Kampf mit den Mächten der Entfremdung und Pervertierung zu führen, und sich der Gerechtigkeit, der Freiheit, des Friedens unter den Menschen anzunehmen, um derentwillen Christus in der Welt war, sich opferte und durch sein Opfer lebt.

Aus der verborgenen und doch wirksamen Anwesenheit Christi in der Welt bricht die Verkündigung und der Liebesdienst der Gemeinde Christi hervor. Anwesenheit in der Welt besagt vor allem, daß Christus nicht in die Kirche eingesperrt ist. Hat er einerseits durch die Sammlung der Gemeinde Menschen in seine Nachfolge gerufen und in seinen Dienst gestellt, so kommt er andererseits selbst der Gemeinde aus der „Welt" her entgegen, verborgen gegenwärtig in der Gesellschaft, und zwar in der Gestalt aller Elenden und Bedrängten, Verstrickten und Hoffnungslosen, die nach Hilfe schreien. Mit *diesen* seine Gemeinde durch die Liebe zu verbinden, Menschen mit Menschen zu versöhnen, Frieden zu stiften, Hungernde zu speisen, das ist sein Amt und Tun, und darum auch Vollmacht und Dienst der Gemeinde Christi, die ihm in der Gestalt der Geringsten und Ärmsten der Welt überall unter den Menschen begegnet.

Die „Herrschaft" Christi nimmt also die Form der *dienenden Liebe* an und nicht die der „weltlichen" Machtausübung. Aus der universalen Herrschaft Christi folgt daher nicht, daß die Kirche ihre eigene Herrschaft aufrichten dürfte. Hier hat die tiefe Abneigung der modernen Gesellschaft gegen jede Art von „kirchlicher Bevormundung", „Priesterherrschaft" u. dgl. ihren *guten* Grund. (Daß sie auch schlechte Gründe hat, vor allem den Widerwillen gegen Christus selbst, sei nur am Rande vermerkt.)

Das Sein der Christen unter der Herrschaft Christi, der Gehorsam des Glaubens und der Nachfolge hat demnach *diakonische* Gestalt (vgl. Kap. II über die gesellschaftliche Diakonie). Nur auf diese für die Sozialethik grundlegende Einsicht kommt es in unserem Zusammenhang an.

Hierbei ist zu bedenken, daß gleichsam *vor* allem Dienst

und Handeln der christlichen Gemeinde *Christus und der Mensch* schlechthin in einer tiefen Gemeinschaft miteinander und Zuordnung zueinander stehen. Denn Christus ist die Wahrheit und Wirklichkeit des Menschen, der „neue" Mensch, der die Entfremdung von Gott überwunden hat. Der christliche „Humanismus" spricht diese Vereinigung aus und zieht die Folgerungen des Tuns aus der Vereinigung Christi mit dem Menschen. Er ist also gegründet in der Humanität Christi, die freilich etwas ganz anderes ist als eine moralische Eigenschaft, etwa Menschenliebe: nämlich das neue Sein, die Neuschöpfung des Menschen in Christus, und damit die Wiederherstellung des geschändeten, entstellten Ebenbildes, zu dem Gott den Menschen erschaffen und erwählt hat. Von diesem Menschsein Christi kommt aller christlicher Humanismus her, und darum bezeichnet „christlich" hier etwas ganz anderes als einen bloßen Spezialfall von Humanismus.

Diese Menschheit und Menschlichkeit Jesu Christi ist nun der Grund und die Voraussetzung für den „ethischen" Kampf gegen alle Entmenschlichung des Menschen. Von Christus her gibt es Sinn und Möglichkeit des „anti-dämonischen" Kampfes gegen alle Entstellung des Menschen durch Mächte der Gesellschaft, des Staates, der Wirtschaft oder durch angebliche, neue Heilsbotschaften.

Die ethische Verantwortlichkeit des einzelnen Christen ist nicht isolierbar, weil gegründet in der Herrschaft Christi; sie ist eingeordnet in die Verantwortlichkeit der Gemeinde und lebt als handelnd sich bewährende, Versuchung überwindende aus der Humanität Christi, und erweist sich darum in den „guten Werken" der Liebe, durch welche Christus selbst über alle Verkehrung und Zerstörung des Menschen triumphiert, um so die Schöpfung Gottes zu reinigen und wiederherzustellen. Nur die individualistische Loslösung des einzelnen Christen von der Gemeinde und von Christus hat den Protestantismus des letzten Jahrhunderts so geschwächt und verwirrt, daß er die sozialethische Verantwortung der Kirche nicht mehr zu erfassen vermochte; dem privatisierten Protestantismus war es schwer möglich, im Nationalsozialismus eine Pervertierung von Staat, Nation und Recht rechtzeitig zu erkennen, oder vor 100 Jahren die Bedrohung des Arbeiters durch die neue industrielle Gesellschaft und Arbeitsform wahrzunehmen, — abgesehen von den kleinen Gruppen der „Christlich-Sozialen", deren — übrigens maßvolle — Reformbestrebungen oft als Schwärmertum oder gar „Kommunismus" gebrandmarkt wurden.

Um so wichtiger ist es, daß sich die Kirche, die Gemeinde als ganze einübt in die Erkenntnis der Zusammenordnung von Mensch und Gesellschaft und Organe hierfür entwickelt. Nur so kann der einzelne Christ die Möglichkeiten und Grenzen seiner persönlichen Verantwortung und ihren Zusammenhang mit der Verantwortung anderer Menschen und Christen überblicken.

Die Gesellschaft unter der Herrschaft Christi sehen, heißt weder ihre Weltlichkeit in eine „Theokratie" zurückverwandeln wollen, noch die Vernunft entmündigen. Gemeint ist vielmehr die gemeinsame Sache der Gemeinde und der Gesellschaft: die Bewahrung des Menschen vor der Verdinglichung und Entmenschlichung, die Bewahrung in der Freiheit (die soziale und politische eingeschlossen), der Aufweis seiner personalen Verantwortlichkeit, die durch keine technische Funktionstüchtigkeit ersetzt werden kann. Die christliche Soziallehre steht hiernach im Bunde mit der ökonomischen, der politischen Vernunft und tastet den Auftrag der Vernunft zur Ordnung und Gestaltung von Staat, Wirtschaft und Gesellschaft im Ganzen nicht an. Die christliche Sozialethik kennt aber auch die terroristischen Ideologien, welche die sozial*kritische* Kraft der Vernunft aufheben oder doch lähmen, zumal diese Ideologien tief in die Wissenschaften hineinwirken können, wie sowohl die „kommunistische" wie die „nationalsozialistische Wissenschaft" bewiesen haben und beweisen. Die rationale Methodik und die Sachlichkeit der Wissenschaften reichen offensichtlich nicht aus, die Vernunft des Menschen frei und kritisch zu erhalten. Die Aufgabe der christlichen Sozialethik ist dennoch nicht die heteronome Entmündigung der

Vernunft, nicht die Ersetzung politischer und sozialer Institutionen durch kirchliche, sondern der Dienst an einer humanen Ordnung der menschlichen Gesellschaft im Bündnis mit derjenigen Gesellschaftskritik, die die Vernunft aus der Einsicht in innere Widersprüche der Gesellschaft selbst entwickelt, so wie die letztere historisch jeweils gegeben ist.

Der christliche Humanismus sieht daher keineswegs die moderne Gesellschaft einseitig unter dem Vorzeichen des Unterganges, der Zerstörung der Gemeinschaft, der Entseelung, der Entordnung usf. Er sieht das eine und das andere, d. h. das Ringen der Mächte der Pervertierung mit den Kräften der Humanität, des Friedens und der Freiheit. Der christliche Humanismus greift in diesen inneren Widerstreit ein. Denn er kann ihn um des Menschen willen nicht einfach auf sich beruhen lassen, um sich in eine Intimsphäre jenseits der gesellschaftlichen Ordnungs-Probleme zurückzuziehen. Diese Intimsphäre existiert übrigens in Wirklichkeit gar nicht. Denn das Leben in der Familie oder die „privaten“ Freizeit-Beschäftigungen der Einzelnen sind von der technischen Zivilisation und ihrem Angebot auf das stärkste beeinflußt.

Hätte Christi Sendung in die Welt es nur mit der Herauslösung der einzelnen Seele aus dieser Welt zu tun, so gäbe es freilich keinen christlichen Humanismus der beschriebenen Art und brauchte ihn nicht zu geben. Aber Christi Reich ist für diese Erde, für den Menschen in der geschichtlichen Welt da, ist zu ihm gekommen und kommt zu ihm. Aus dieser Bewegung stammt auch das „Engagement“ des Christen in der Gesellschaft und im Staate, so gewiß seine Existenz als Christ — d. h. in der Teilhabe am Reiche Christi, an Christus selbst, — nie in diesem Engagement, nie in der Verantwortung für die Gesellschaft und den Staat, nie im Dienst innerhalb dieser Gefüge aufgehen und sich erschöpfen kann. Dies bedeutet nicht, daß der christliche Humanismus das Streben nach einer gerechten und guten Ordnung der Gesellschaft vor das „Trachten nach dem Reiche Gottes und seiner Gerechtigkeit“ (Matth. 6,33) setzen wollte. Aber eben diese unter den Menschen sich aufrichtende Herrschaft Gottes gebiert die Liebe zum Nächsten, indem sie die falsche Hingabe an die irdischen Güter und die Mächte dieser Welt — z. B. an den Cäsar oder an den Besitz — zerstört.

Die *Distanz* zur Welt oder die *Freiheit* von der Welt mit allen ihren Gütern und Mächten ist und bleibt die Voraussetzung des christlichen Humanismus. Alle christliche „Kritik“ des Menschen und der Gesellschaft ist aus dieser Freiheit geboren worden. Aber diese Freiheit ist Liebe, also nicht Abwendung vom Menschen, sondern Zuwendung zum Menschen, den von Gott geschaffenen und geliebten. Diese Zuwendung paktiert freilich nicht mit der Sünde und der Ungerechtigkeit der Menschen. Die christliche Freiheit ist nicht Freiheit zum Bösen, nicht Freiheit, alles „mitzumachen“, nicht Freiheit zur Beschädigung und Bedrückung des Nächsten.

Wenn in dieser Darlegung öfters von der christlichen Verantwortung zur Erhaltung der Freiheit (z. B. gegenüber dem totalitären Kollektivismus) gesprochen wird, so ist hiermit nicht jene entleerte Freiheit gerechtfertigt, welche die völlige Bindungslosigkeit des Einzelnen proklamiert. Naturgemäß liegen zwischen den beiden äußeren Grenzen, der Entleerung der Freiheit und ihrer Aufhebung, zahlreiche Möglichkeiten, Freiheit und Ordnung der Gesellschaft miteinander zu verbinden; von der demokratischen Form dieser Verbindung wird noch die Rede sein (Kap. III). Hier ist nur zu sagen, daß die Herrschaft Gottes die Freiheit des Menschen fordert und begründet; sie ist nicht Zwang, sondern Anruf an den „freien Gehorsam“, der Liebe zu Gott und dem Nächsten aus sich herausbildet. Den Dienern Gottes wird das Recht der freien Söhne zuteil. Daß der Mensch zu dieser Freiheit berufen wird, soll in der Ordnung der Gesellschaft nicht vergessen werden, obwohl die Freiheit der Christen sich auch im Zustande der völligen Aufhebung aller humanen, politischen und sozialen Freiheiten bewähren kann, in Ketten und Banden, als Erwartung der vollendeten Freiheit, die uns von allen Banden der geschichtlichen Existenz befreit. Hierin liegt aber nicht das Recht, Zustände der Unfreiheit zu dulden, die beseitigt werden können, und auch nicht die Berechtigung, das menschliche, weltliche Gemeinleben ausschließlich in Autoritäts- und Unterordnungsverhältnissen zu denken. Denn die Bindung der Freiheit durch Recht und Freiheit der anderen sowie durch die Ordnung des Rechtes, in die alle Glieder des Gemeinwesens sich einzuordnen haben, setzt die Freiheit voraus.

Sprechen wir von der Herrschaft Christi über Mensch und Gesellschaft, so muß das autoritäre Mißverständnis von „Herrschaft“ ebenso zurückgewiesen werden, wie die absolute Freiheit, welche das Gemeinwesen und die Rechtsordnung in Frage stellt.

Aus der Proklamation der Herrschaft Christi durch Verkündigung und Dienst der Gemeinde folgt also nicht eine Entmündigung des Menschen und eine Verneinung der modernen Gesellschaft, die durch Freiheit und Gleichheit der Einzelnen konstituiert wird. Wohl aber bedeutet diese Proklamation, daß die christliche Gemeinde der Entleerung und Formalisierung der Freiheit widersteht, und daß sie die Freiheit als die Freiheit zum *Dienst* am Mitmenschen auslegt, was freilich nicht die Wiederherstellung längst aufgelöster, sozialer Unterordnungsverhältnisse in sich schließt. Entsprechend bedeutet die kritische Annahme der *Gleichheit* der Menschen (im moralischen und rechtlichen Sinne) nicht die Kapitulation vor der Idee der abstrakt-egalitären Gesellschaft, vor der Ableugnung aller faktischen Ungleichheiten unter den Menschen, und vor der Ablehnung jeglicher Herrschaft und Unterordnung. Das Dasein der Ungleichheiten ist ebenso unbestreitbar wie ihre Macht. Jede Revolution zur Herstellung der egalitären Gesellschaft bringt neue Formen der Herrschaft, neue machttragende Gruppen und neue soziale Unterschiede hervor. Aber diese geschichtliche Macht der Ungleichheit fordert geradezu das sozialethische Korrektiv der Gleichheit. Vor allem der christliche Humanismus hat dieses Korrektiv zur Geltung zu bringen, damit die drohende

Pervertierung der Herrschaft und der Unterordnung samt ihrer religiösen oder profanen Verherrlichung abgewehrt werde.

7. Christliches Naturrecht?

Genügt es aber nicht, solche Elemente der Kritik und der Korrektur der Vernunft bzw. dem in der menschlichen Vernunft sich bezeugenden *„Naturrecht“* (lex naturalis) oder besser dem „natürlichen Ur-Gesetz“ zu entnehmen? Stellt dieses nicht die ewige Ordnung der Verhältnisse, die ursprünglich ist, zugleich als das Sein-Sollende den geschichtlichen Zuständen kritisch gegenüber? Hat man nicht mit der scharfen Waffe eines kritischen Naturrechts Revolutionen gemacht? Es hat aber auch die entgegengesetzte Auswertung der Idee einer natürlichen Urordnung gegeben: nämlich zur Festigung und Fundamentierung der überlieferten Ordnung; sie gilt dann als rechtmäßig und gut, da sie die Urordnung, wie Gott sie will und geschaffen hat, abspiegelt und aus dieser ihr Leben zieht.

Hier können zu dem vielschichtigen Fragenkreis des „Naturrechts“ (die beiden so zusammengesetzten Begriffe sind ja vieldeutig) nur die folgenden Hinweise gegeben werden: Die beliebte Entgegensetzung „Evangelium oder Naturrecht“ scheint für ernsthaftes, christliches Denken selbstverständlich. Wir haben jedoch bereits gesehen, daß die christliche Sozialethik auf das Faktum eines vorgegebenen gesellschaftlichen Ethos stößt, das sich in humanen Forderungen der Gerechtigkeit, der Mitmenschlichkeit u. ä. äußert, die teils als naturgemäß empfunden, teils sogar ausdrücklich „naturrechtlich“ begründet werden. Dies geschichtlich-soziale Faktum ist nicht zu umgehen. Auch Christen leben in solchen Vorstellungen des Naturgemäßen oder Richtigen. Die dem Evangelium entspringenden Imperative (Liebesgebot) radikalisieren allerdings die Forderung der Mitmenschlichkeit, indem sie den Mitmenschen als den uns von Gott gesetzten Nächsten aufdecken und jede Neutralisierung des Mitmenschen („Jeder ist sich selbst der Nächste") verwerfen. Aber das Liebesgebot negiert hiermit nicht das, was als Mitmenschlichkeit, Hilfsbereitschaft, Rücksichtnahme usw. gefordert wird. Dasselbe ist hinsichtlich der Forderung der Gerechtigkeit zu sagen. Das Phänomen des Ethos, das naturrechtlich auf das Wesen des Menschen oder eine mit ihm erschaffene Urordnung von Gemeinschaft begründet worden ist, ist nicht aus der Welt zu schaffen. Seit fast 2000 Jahren setzt sich christliche Ethik mit ihm in Beziehung. Auf die Kritik der naturrechtlichen Vorstellungen kann sie freilich nicht verzichten. Denn Christus und seine Herrschaft sind die *Neuschöpfung* des Menschen und nicht bloß eine Ergänzung seiner „Natur", welche an der Urordnung teilhat.

Hieraus folgt auch, daß die Verkehrung der Vernunft und des humanen Ethos durch die Sünde bedacht sein wollen. Im Zustande der Entfremdung des Menschen von Gott und vom Nächsten ist das Ethos einer Gesellschaft weder seiner Einsicht nach noch seinem Vollzuge nach als ungebrochene Teilhabe an und als Vollzug der Ur-Ordnung zu verstehen. Das „Naturrecht" ist gebrochen. Es ist keine autonome oder gar absolute Instanz, auf die man sich dem Evangelium gegenüber berufen könnte. Denn das Naturrecht ist keine klare Bezeugung des Willens Gottes, obwohl auch die Menschen außerhalb des Evangeliums und ohne Christus von der Notwendigkeit des Staates oder von der „rechten" Ehe oder von der Humanität Gutes und Wahres wissen und diese Institutionen aufbauen und erhalten können. Aber all' dies wird ja durch ständige Entstellung und Verkehrung durchkreuzt und verfälscht. (Als „naturgemäß" sollte auch das „Recht" der Nationalsozialisten und die Diskriminierung anderer Rassen gelten.) Wenn wir das, was für „Natur" gehalten wird und was wir selbst dafür halten, nicht mit dem in Christus offenbarten und erfüllten Willen Gottes konfrontieren, sind wir der höchst fragwürdigen Moral der von Gott entfremdeten „Natur" des Menschen ausgeliefert.

Die zweideutige Formel „christliches Naturrecht" kann also nur den Sinn haben, daß die *Befreiung und Erfüllung* des „natürlichen Gesetzes" durch Christus, durch die Neuschöpfung des Menschen und die Freilegung des Sinnes der Schöpfung in Christus ausgesprochen wird, es kann aber nicht bedeuten, daß wir das Evangelium mit einem diesen gegenüber selbständigen und in sich selbst ruhenden Ausdruck und Abdruck einer ewigen Ur-Ordnung zu verbinden hätten. Erfüllung ist freilich auch die positive Zurechtbringung des Menschen zu der Bestimmung, zu welcher Gott ihn erschaffen hat. Sofern das Naturrecht vom „Wesen" (Natur) des Menschen spricht und den Gegensatz des „naürlichen Gesetzes" zu dem entfremdeten Dasein des Menschen wahrnimmt, fragt es, in seiner Tiefe verstanden, selbst nach der Aufhebung dieser Entfremdung von Gott und dem Nächsten; das ist seine relative Wahrheit, die durch Christus und die Liebe, das Grundgesetz des Gottesreiches, erfüllt wird, in der sich aber auch Gott als derjenige kundtut, der die menschliche Gesellschaft durch Ethos und Recht ordnen und bewahren will.

Kapitel II:

DIE KIRCHE IN DER MODERNEN GESELLSCHAFT

Der christliche Humanismus, den wir als Leitfaden der Sozialethik bezeichnet haben, könnte ohne den Mutterboden der Kirche nicht existieren. Als von dieser losgelöste „Idee" oder geistiger Impuls, als vom Ganzen des Evangeliums losgelöste „Ethik" kann er wohl eine zeitlang eine Art moralischer Atmosphäre bilden, muß sich aber schließlich verflüchtigen, die bestimmte Bindung an Gottes Gebot und Gnade verlieren und sich in eine allgemeine Moral der Mitmenschlichkeit verwandeln, die keinen Zusammenhang mit dem christlichen Glauben der christlichen Gemeinde mehr hat. Wir setzen daher bei der Kirche ein, ihrem Sinn und Auftrag, dort, wo die Christlichkeit des christlichen Humanismus gründet und entspringt.

1. Die Zuwendung der Kirche zur Gesellschaft

Die Kirche Christi lebt nicht um ihrer selbst willen. Sie ist auf die Menschen und ihr gesellschaftliches Leben gerichtet. Wer Kirche sagt, sagt auch Welt, sagt Mensch; denn mit der Verkündigung der Heilsbotschaft, mit der Seelsorge oder mit dem Dienst der tätigen Liebe, d. h. mit ihrem ganzen Tun ist die Kirche unter den Menschen und um der menschlichen Gesellschaft willen da, nicht aber, um ein religiöses Sonderreich *neben* der Gesellschaft aufzurichten. Darum ist auch die Geschichte der Kirche aufs engste mit der Geschichte der Gesellschaft und ihrer Institutionen, insbesondere mit dem Staate, verflochten, bis hin zur Gefährdung der Kirche durch ihre Unterordnung unter die Mächte des Staates, der Nation oder unter herrschende Klassen, in der sie ihren Auftrag verletzt oder preisgibt.

Darum ist es von entscheidender Bedeutung für die Sozialethik, zu erkennen, daß die Richtung der Sendung der Kirche in die menschliche Welt auf ihrer Distanz und Unterschiedenheit von der Gesellschaft beruht, kraft deren sie Heil und ewiges Leben verkündigt und mitteilt, als irdische Trägerschaft der göttlichen Kraft und Wahrheit des Reiches Gottes. Soziologisch gesehen, ist sie eine gesellschaftliche Institution neben anderen, wenn auch darin eigener Art, daß hier die „Religion“ die Macht der sozialen Zusammenordnung von Menschen darstellt. Vom Auftrag her, also theologisch gesehen, beruht die Kirche auf göttlicher Sendung und Gründung; die Kirche tritt der Gesellschaft „gegenüber“ als die Gemeinde der mit Christus Verbundenen, die alle zum Glauben ruft und gerade damit dem Menschen und der menschlichen Gesellschaft ihre letzte Bestimmung aufdeckt. So wird sie als Gemeinde nicht Staat, nicht Nation, nicht Gesellschaft; doch ist sie, wie das heutige Losungswort lautet, „Kirche für die Welt“, die aus der Humanität Gottes der menschlichen Gesellschaft dient, Werk und Ort der Gegenwart Christi in der Gesellschaft und darum mit einer Botschaft und mit Sakramenten ausgerüstet, über die die anderen gesellschaftlichen Gebilde, die Familie, der Staat, die Formen der ökonomischen Kooperation nicht verfügen. Maßen diese sich Heilscharakter an, so sind sie entstellt und verkehrt, als eine Art von Ersatz-Kirche; denn sie erwecken die Illusion, eine heile oder vollkommene, allen Widerstreit aufhebende Gesellschaft darzustellen oder erschaffen zu können. Heil und Wahrheit kann die Kirche der menschlichen Gesellschaft nur dadurch bieten, daß sie und sofern sie dem Reiche Gottes und nicht der Welt zugehörig ist. In diesem Sinne stellt sie geradezu eine Art „Gegenform" zur Gesellschaft der Menschen insgesamt und in jedem Zeitalter der Geschichte dar. Paradoxerweise ist jedoch die Kirche gerade darum befähigt, in die menschliche Welt einzugehen und soziale Institution zu werden, die „von außen" gesehen, nur relativ von anderen verschieden ist. An ihrer Menschlichkeit, Geschichtlichkeit und an ihrem Charakter als Sozialgefüge hängt die Fähigkeit der Kirche, den Menschen und den gesellschaftlichen Gebilden zu dienen. Was hier „dienen" bedeutet, wird unten zu erörtern sein.

Jedenfalls darf das weltgeschichtlich so bedeutsame „Gegenüber" von Kirche und Gesellschaft uns nicht verdunkeln, daß es das Wirken eines Gottes an der einen Menschheit ist, das Kirche und Gesellschaft verbindet und sie aufeinander bezieht. Ihr Unterschiedensein ist geschichtlich und dient ihrer zukünftigen Bestimmung, eins zu werden in und unter der einen Herrschaft Gottes.

2. *Zwei Grundformen von „Kirche"*

Für die Denkweise der Sozialethik ist es wichtig, das vielschichtige und vieldeutige Wort „Kirche" so zu verwenden, daß *zwei* Grundformen der Kirche unterschieden (nicht geschieden) werden:

1. Kirche als die im Gottesdienst versammelte Gemeinde Christi;

2. Kirche als die *weltliche Christenheit* oder die in der Gesellschaft unter anderen Menschen und Gruppen lebende und arbeitende Gesamtheit von Christen, die wie andere

ökonomische, politische und soziale Funktionen und Aufgaben verschiedenster Art ausüben bzw. erfüllen.

Beide Grundformen von Kirche nehmen institutionelle (z. B. rechtliche) Gestalt an; beide existieren in sozialen Gefügen; in der zweiten realisieren sich aber in besonderer Weise die Richtung der Kirche auf die Welt und ihr Dienst an der menschlichen Gesellschaft und im Medium ihrer Funktionen und Strukturen.

Wiederum ist an der Sozialform und der Tätigkeit dieser sog. weltlichen Christenheit ein Doppeltes zu beachten:

1. Das „weltliche“ Tun des *einzelnen* Christen in der Gesellschaft, d. h. seine gesellschaftliche Position und „Rolle“, in deren Ausübung der Christ doch zugleich als *Glied der Gemeinde* zu gelten hat und nicht als isolierter „Einzel“-Christ, der meistens in seinem „Beruf“ von seiner angeblich privaten Zugehörigkeit zur christlichen Gemeinde keinen Gebrauch macht; denn eine weit verbreitete Ansicht besagt, die „religiöse Überzeugung“ habe nichts mit der alltäglichen Arbeit zu tun. Diese Art von christlichem Individualismus macht praktisch jeden Vollzug christlichen Dienstes an der Gesellschaft unmöglich.

2. Die zweite Form, in der die weltliche Christenheit existiert, wenn auch faktisch vielleicht nur in bescheidenen Ansätzen, engen Grenzen (die durch staatliche oder gesellschaftliche Gegenwirkungen gegen die Kirche gezogen werden können, z. B. in einem kommunistisch geordneten Gesellschaftskörper), ist die Bildung aktiver Dienst-Gemeinschaften für die Ausrichtung des Welt-Diakonats der Kirche, z. B. in Gestalt der sog. kirchlichen „Sozial-Arbeit“ und ihrer Träger, der Inneren Mission, der „Arbeitsgemeinschaften“, die sich der Wahrmachung der politischen oder kulturellen Verantwortung der Gemeinde widmen, uam., in verschiedensten Formen organisiert und rechtlich verfaßt.

Es wäre ein Mißverständnis, einseitig diese weltliche Christenheit als „Laien-Sache“ definieren zu wollen; denn die gottesdienstliche Versammlung der Gemeinde umfaßt ebensogut alle ihre Glieder, und der Dienst der Ämter der

Kirche, des Pfarrers, des Diakons, des Lehrers oder Katecheten reicht von der Predigt oder der Spendung der Sakramente, der christlichen Unterweisung aus tief ins Leben der weltlichen Christenheit hinein. Doch ist nicht in Abrede zu stellen, daß dem Pfarrer und dem Theologen überhaupt in der weltlichen Christenheit nur eine begrenzte Aufgabe mit diakonischem Grundcharakter zufallen kann (Beratung der Gewissen, theologische Klärung der für die sog. „Laien" in ihrer gesellschaftlichen Position entstehenden Fragen); die Träger der Arbeit und des Dienstes werden Christen in politischen und wirtschaftlichen Funktionen sein müssen, die je an ihrem Orte von ihrer christlichen Mündigkeit Gebrauch zu machen habe, welche freilich ohne den Dienst der kirchlichen Ämter ihrerseits nicht ausgebildet werden kann. Wie es Dienste sog. „Laien" (= nicht ordinierte Gemeindeglieder) im Gottesdienst gibt oder geben sollte, so gibt es andererseits auch Dienste des „Geistlichen" und des Theologen innerhalb der weltlichen Christenheit und für diese (z. B. Sozial- und Industriepfarrer, Theologen als Studienleiter an ev. Akademien, Theologen, die mit Fragen der Volksbildung, der Presse, des Films und dergl. befaßt sind). Je stärker diese Verschränkung der Gottesdienst-Gemeinde und der Gemeinde im Alltag der „weltlichen" Arbeit ist, desto lebendiger ist das Sozialethos der Kirche, desto wirksamer ihr Dienst. Fehlte diese Verbindung oder Verschränkung gänzlich, so würde die Kirche entweder zu einem abseitigen Erbauungszirkel mit introvertierter Frömmigkeit oder aber zu einem Verein für Wohlfahrtspflege oder für Humanisierung der Politik (womit gegen die Notwendigkeit derartiger Verbände nicht das Mindeste gesagt ist —, es geht hier um die Kennzeichnung von Verkehrungen des Auftrages, der Sendung der *Kirche*, die auch in ihrer dienenden Zuwendung zur Welt Kirche bleiben muß). Die hier „weltliche Christenheit" genannte, zweite Gestalt der Kirche aber ist eine wesenhafte Gestalt der Kirche als Folge der Sendung, welche die durch die Gegenwart Christi in Predigtwort und Sakrament gegründete und erhaltene Gemeinde in jedem Gottesdienst von neuem empfängt und in vielfältiger Ausübung der Liebe aus formt.

Freilich sind die Formen des christlichen Dienstes in der Gesellschaft durch deren geschichtliche Situation und die Art ihrer Ordnungen und Funktionen stets mitbedingt. Sprechen wir von der sozialen Arbeit der Kirche oder der politischen Verantwortung der Christen, so zeigt dies an, daß wir von einem Christen und einer Kirche reden, die in der modernen Gesellschaft leben, die demokratisch geordnet die politische Tätigkeit der Bürger voraussetzt und fordert. Ferner macht diese Rede vom „sozialen" Dienst der Kirche deutlich, daß sie offensichtlich in einer Gesellschaft lebt, deren dynamischer Charakter ständig der Integration bedarf, in der viele Einzelne, oft auch große Gruppen in ökonomischer und sozialer Bedrängnis der Hilfe bedürfen. D. h. mit anderen Worten, daß in der industriellen Gesellschaft, seit der Mitte des 19. Jahrhunderts, der Dienst der Kirche notwendig ganz neue Formen annehmen mußte (z. B. Innere Mission, kirchliches „Verbandswesen"), die in einer „statischen", ständisch-hierarchisch geordneten Gesellschaft weder möglich noch notwendig waren.

An diesem Punkte wird sowohl die geschichtliche Bedingtheit der „weltlichen Christenheit" als auch der christlichen Sozialethik deutlich; denn die letztere hat ihren Gegenstand in den Problemen der gegenwärtigen Gesellschaft, nicht derjenigen des 1. oder 16. Jahrhunderts. Das Evangelium ist Heilsbotschaft für *alle* Zeiten und jede Zeit, das Gebot der Liebe unwandelbar, aber die Liebe zum Nächsten wäre gar nicht mehr Liebe, wenn sie nicht für jede Epoche und jede Gesellschaft geschichtlich-konkrete Gestalten des Dienstes erschüfe. Diese also müssen sich wandeln, so wie auch das Evangelium auf immer neuen Wegen, in immer neuen Sprachen und Begriffen verkündigt werden will.

Hiermit ist freilich eine bedeutungsschwere Frage aufgeworfen, die nämlich, ob die Sozialethik sich *allein* an dem dynamischen Wandel, an dem geradezu revolutionären Prozeß zu orientieren habe, der die moderne Gesellschaft beherrscht und sie zu dem macht, was sie ist? Ist diese Gesellschaft etwa geschichtslos in dem Sinne der Aufhebung aller geschichtlichen Kontinuität nach rückwärts, und ist der Einschnitt, der die technisierte, industrielle Gesellschaft von der vortechnischen trennt, ein absoluter? Scheint nicht die Geschichte der Sozialethik selbst ein Ja auf diese Frage zu geben, da doch die Gesellschaft der Freiheit und Gleichheit, der Demokratie und der industriellen Produktionsweise neue Begriffe und Verhaltensweisen in der christlichen wie nicht-christlichen, z. B. der humanistischen Ethik hervorbringt?

Es wird nur eine dialektische Antwort möglich sein. Denn die technische, soziale und ökonomische Revolution des 19. Jahrhunderts (die mit Recht so heißt) hat doch keineswegs jede geschichtliche Kontinuität — z. B. in der Geschichte der Wissenschaften oder der Staaten und Völker aufgehoben. Wohl aber sind die Mächte der Herkunft und der Überlieferung samt und sonders in eine neue Konstellation eingerückt. Sie werden angegriffen und rechtfertigen sich; sie werden von den neuen Kräften umgebildet oder gehen in unfruchtbarer Antithese und Reaktion allmählich zugrunde; die neuen, formenden Kräfte, wie die weltumwälzende, neue „kapitalistische" Wirtschaftsweise, setzen sich erst allmählich durch im Ringen mit der „alten" Ordnung. „Alt" und „neu" sind hier Begriffe der Relation und der Relativität, innerhalb der geschichtlichen Zeit gesehen.

So hat denn die Sozialethik die Kontinuität des geschichtlichen Menschseins und der Gesellschaft — auch in konkreten Bezügen: in Deutschland, in Europa usf. — im Auge zu behalten. Für die *christliche* Soziallehre ergibt sich dies schon aus ihrem universalen Ansatz (Kap. I). Wenn dieser aber die Relation der Kirche auf die ganze Menschheit und deren ganze Geschichte einschließt, so hat die christliche Soziallehre immer auch ihre *gegenwärtige* Aufgabe im Zusammenhang der überlieferten ethischen Wahrheiten und Maßstäbe zu bestimmen. Sind wir doch nicht die Ersten, die anfangen, christlich zu denken und nach christlicher Weisung für das Zusammenleben der Menschen zu fragen.

Dementsprechend wird auch vom Dienst der Kirche in der Gesellschaft zu gelten haben, daß sie die neuen Formungskräfte der modernen Gesellschaft in ihrer Macht und Weltwirkung erkennt und erfährt, diese jedoch zugleich im geschichtlichen Zusammenhange sieht, etwa der Institutionen Familie und Staat, die schon in den „alten“, vortechnischen Gesellschaftsgefügen, wenngleich in anderen Rechtsformen, oder mit anderem Gewicht und anderer Mächtigkeit, dagewesen sind.

Wie schwierig diese Aufgabe im praktischen Vollzuge zu bewältigen ist, zeigt sich an der endlosen Diskussion über neue Formen und Methoden des kirchlichen Dienstes heute: Traditionalisten und Pioniere des „Neuen“ stehen in hartem Ringen miteinander, — aber diesen schmerzhaften Prozeß muß die Kirche durchleben; er beweist, daß sie in eine veränderte gesellschaftliche Wirklichkeit gestellt ist.

3. Formungskräfte der gegenwärtigen Gesellschaft

Nach diesen zu fragen, ist für die Sozialethik unerläßlich, denn sie führen ja neue sozialethische Probleme herauf. Andererseits ist eine solche Fragestellung von Gefahren belastet. Denn auch eine empirische Beschreibung ist von Voraussetzungen und Vorentscheidungen geleitet, die zur Auswahl dessen führen, was als wesentlich und charakteristisch für die moderne Gesellschaft angesehen wird. An diesem Punkte ist die Verbindung der Sozialethik mit den *Sozialwissenschaften* wichtig zur Selbstkontrolle und zur Prüfung der Wirklichkeitsnähe der Sozialethik. Freilich können die Begriffe und Einsichten der Soziologie nicht zu Maßstäben für die Sozialethik erhoben werden. Sie dürfen nicht ideologisiert werden. Der *kritische* Umgang mit diesen Begriffen ergibt sich aus den Grundlagen des christlichen Denkens über die Gesellschaft. Sofern jedoch die christliche

Sozialethik *vernünftiges* Denken ist, das sich wissenschaftlich formiert, ist sie offen für jede neue sozialwissenschaftliche Erkenntnis, und dies um so mehr, als sie nicht die Form eines Systems hat.

Wir stellen den weltlichen (säkularen) Charakter der modernen Gesellschaft voran; denn so verhält und versteht sie sich selbst. Sie ist nicht mehr als Gesellschaft mit all ihren Gruppen oder Ständen in die Kirche aufgenommen, durch die Kirche geweiht. Die Kirche ist nicht die integrierende Mitte dieser modernen Gesellschaft, und es ist sinnlos, nach einem „neuen Mittelalter" zu trachten, in welchem die Kirche die alte Mittelpunktstellung wiedergewinnen könnte. Die heutige Gesellschaft versteht ihre Institutionen nicht als sakral, wenngleich es Gesellschaftsschichten gibt, in denen solche Auffassungen stark nachwirken. In diesem Sinne ist sie „nach-christlich", — sie hat das christliche Verständnis der Gesellschaft, der Arbeit, des Staates hinter sich gelassen, so gewiß sie noch — auch in der Antithese! — von ihrer *christlich*-geschichtlichen Herkunft geprägt ist. Entscheidend ist die Wahrnehmung des *Doppelantlitzes* dieser Weltlichkeit. Denn einerseits sind Christus und die Kirche die Schöpfer der Säkularität: Sie haben durch die Stürzung der kosmischen und politischen Gottheiten, durch die Entmythisierung der ganzen Welt auch Staat und Gesellschaft „weltlich" gemacht und die direkte Weihung, die innewohnende Heiligkeit gesellschaftlicher Ordnungen zerstört.

Aber aus dieser Weltlichkeit, die sich aus dem Bekenntnis zur Herrschaft Christi ergibt, hat der „Säkularismus" etwas ganz anderes gemacht. Zwar geht auch er historisch und sachlich von der christlichen Befreiung der Menschen und der Gesellschaft zur Weltlichkeit aus, doch macht er diese zur in sich geschlossenen Endlichkeit, zur absoluten Autonomie einer aus sich selbst lebenden und aus sich selbst verstehbaren Welt. Aus der Negation, daß die „weltliche" Gesellschaft der Kirche gar nicht mehr bedarf, kann auch die Position werden, daß die Gesellschaft sich selbst als „Kirche" setzt und gebärdet, indem sie allen Existenz-

Widerstreit im Menschen, alle Entfremdung des Menschen von sich selbst und dem Mitmenschen aus sich selbst zu heilen verspricht. Dies ist die Verkehrung der „echten“ Weltlichkeit, welche ihre Legitimität im Geschaffensein der Welt eben als Welt, Menschenwelt hat, zu einer Haltung, die absolut über Mensch und Gesellschaft verfügt, daher auch grundsätzlich zu jeder Art totalitärer Ordnung und „Manipulierung“ und Dressierung des Menschen fortschreiten kann, wie andererseits — nämlich vom Prinzip der Autonomie des Einzelnen her — auch der Weg in die Ent-ordnung und Anarchie, den intellektuellen und praktischen Nihilismus offen steht. Ob aber nun solche Endstadien erreicht werden oder nicht, die wir als „radikale Weltlichkeit“ bezeichnen können, — die säkulare Gesellschaft ist *vorgegebene* Wirklichkeit für die Sozialethik; jedermann, auch jeder Christ lebt in ihr und macht sich ihre zivilisatorischen Verhaltensweisen und Errungenschaften zunutze. Fromme Ablehnung der säkularen Gesellschaft bleibt eine ohnmächtige Gefühls-Reaktion, die etwa an unser aller Abhängigkeit von Produktions- und Arbeitsmethoden oder an der Weltlichkeit des modernen Staates nicht das Mindeste ändert. Die von H. Schelsky beschriebene „wissenschaftliche Zivilisation“ ist zur Voraussetzung des ganzen Lebens geworden, bedeutet aber noch mehr als dies, nämlich die Erstellung einer zweiten „künstlichen“ Welt durch Technik und Wissenschaften aller Art, deren Konstrukteur der Mensch ist, freilich so, daß er zugleich Subjekt und Objekt, Herr und Sklave dieser seiner Welt ist. Dies ist die Ambivalenz und der innere Widerstreit der säkularen Gesellschaft. Der Mensch kann mit raffinierten Methoden über den Menschen „verfügen“. In der Gegenwehr gegen diese Objektivierung des Menschen entsteht der „Mythos Mensch“, der mit Recht als ein Charakteristikum unserer Zeit erkannt worden ist. Die christliche Ethik hat keine Veranlassung, diesen Mythos verächtlich zu machen. Wohl aber ist ein kritischer Dialog mit ihm am Platze; der christliche Humanismus versucht, diesen redlich zu führen. Kritisch ist der christliche Humanismus

z. B. gegen die Herrschaft der rein „technischen Vernunft" über die menschliche Gesellschaft.

Die formenden Kräfte der modernen Gesellschaft sind die der wissenschaftlich-technischen Zivilisation. Sie treiben vorwärts, sie schaffen jene Dynamik ständiger Umwälzungen und Eroberungen, die schon K. Marx für die bürgerliche Gesellschaft seiner Zeit festgestellt hat. In allen Sphären ringen Revolution und Tradition miteinander.

Die säkulare Gesellschaft wird heute vielfach als *„pluralistisch"* bezeichnet. Dies ist ein komplexer Begriff. Vielförmigkeit, Reichtum an sozialen Gruppierungen gibt es auch in vor-technischen Gesellschaften, aber der heutige Pluralismus hat seinen besonderen Charakter:

a) er beruht auf dem Prinzip der rationalen Organisation;
b) er ist ein Pluralismus der *Interessen* und der für Interessen tätigen Verbände;
c) er ist politischer Pluralismus von *Parteien,* die miteinander um die Vormacht ringen;
d) der gesellschaftliche Pluralismus ist abhängig von der Differenzierung der Techniken und der Wissenschaften, was sich etwa in der Fülle der neu hervorgerufenen Bedürfnisse zeigt;
e) der einzelne Mensch steht im Schnittpunkt vieler Ansprüche und Interessen; er untersteht einer Mehrheit von Gruppenverpflichtungen als Mitglied von Gewerkschaften, Parteien, Wirtschaftsverbänden, kulturellen Organisationen uam., die sich häufig überkreuzen, wenngleich sie für sich genommen, nur partiellen Charakter tragen.
f) In einer solchen Gesellschaft ist auch die Kirche Verband unter Verbänden, Kirchengliedschaft eine Verpflichtung unter vielen.
g) Die pluralistische Gesellschaft tendiert zur *ideologischen* Rechtfertigkeit und Überhöhung der Gruppen- und Verbandsinteressen. Diese Tendenz wird durch den Mangel eines einheitlichen Selbstverständnisses der Gesellschaft verschärft. Die menschliche Einheit der Gesellschaft droht verloren zu gehen. Die Rede vom „Gemein-

wohl" des Ganzen wird ideologisch, d. h. sie dient zur Deckung von Gruppeninteressen und Machtansprüchen.

h) Die Einheit der Gesellschaft ist unanschaulich; sie verblaßt zur bloßen Vorstellung. Die überlieferten Begriffe vom „organischen" Aufbau der Gesellschaft versagen gegenüber der weitgehenden Differenzierung und dem Geflecht rationaler Organisationen mit zweckhaftem Charakter. Dies bedeutet u. a., daß christliche Begriffe wie der einer „berufsständischen Ordnung" unangemessen sind und undurchführbar werden.

Für die dem „anthropologischen Leitfaden" folgende Sozialethik ist an diesen Kräften und Tendenzen der modernen Gesellschaft besonders bedeutungsvoll der *innere Widerspruch* zweier Trends, welche die Stellung des Menschen betreffen:

1. Die rationale Organisation entwickelt und bietet neue Chancen der *Person* und ihres verantwortlichen Handelns dar, welche freilich das Stehen der Person als ganzer außerhalb der Organisation erfordern, da sie ihre sittlichen „Kräfte" nicht aus der Organisation und deren Rationalität entnehmen kann.

2. Andererseits aber tendiert dieselbe auf den Einzelnen (im Sinne der personalen Verantwortung) gestellte Gesellschaft zur *Objektivierung* und Degradierung, insofern also auch zur Entmenschlichung des Menschen, und zwar nicht nur in den extremen Fällen des Nationalsozialismus oder Kommunismus. Diese Gesellschaft entwickelt einen hohen Grad von Unselbständigkeit und Abhängigkeit des Menschen im „Betrieb", insofern er eingeplant ist in ein genau kontrolliertes System der Produktion, der Arbeit, der Leistung. Der Verband kontrolliert seine Mitglieder mit Hilfe der Verbands-Disziplin und -Ideologie. Die innere Demokratie der Verbände ist z. T. gelenkte, manipulierte Demokratie, wie die Massen-Demokratie überhaupt ein Gefälle nach dieser Seite hin hat. Das Entstehen des „Mythos Mensch" — seit dem Realhumanismus von Marx — ist eine Reaktion, ein notwendiger Widerstand gegen die technisch-rationalen Formen der Herrschaft von Men-

schen über Menschen, die den Beherrschten und Abhängigen zur verfügbaren „Arbeitskraft“, zum „Menschen-Material“, letztlich also zu einem Stück verwendbarer Dingwelt herabsetzen.

Beide Tendenzen müssen gesehen werden. Aus ihrem Widerspiel gehen viele Erscheinungen des heutigen gesellschaftlichen Lebens hervor. Als Beispiel wäre der sog. *Funktionalismus* zu nennen. D. h. der Mensch wird primär als Träger einer Funktion verstanden und so durch diese Funktion definiert. An seine Leistungen als „Funktionär“ werden hohe Ansprüche gestellt. Er muß „perfekt“ sein. In diesem Sinne ist auch der allenthalben benötigte Experte, der Fachmann, der Wissenschaftler „Funktionär“. Aber der Mensch als „ganzer“, d. h. als menschliche Vollperson, die nicht bloß Rollenträger ist, kommt im System der Funktionen nur vor als Voraussetzung, als Regeneration der Arbeits- und Leistungskraft, der Entschlußfähigkeit (z. B. des Managers) und anderer Qualitäten, die der Funktionsträger braucht.

Auch das *Leistungsprinzip*, nach dem die moderne Wirtschaft und Gesellschaft konstruiert sind, gehört in diesen Zusammenhang. Es setzt sowohl die Vereinzelung des Menschen als seine produktive Kraft voraus und stellt hohe Ansprüche an diese; andererseits wird der Einzelne in ein ganzes System von Leistungen eingeplant; seine Leistung ist partiell und von zahllosen anderen abhängig; es geht um rationalisierte und organisierte Leistung. Von Leistungs-„Gemeinschaften“ sollte man daher nicht sprechen; denn die Organisation von Leistungen und Funktionen hat gerade nicht die Struktur von „Gemeinschaft“, falls wir unter dieser personale Verbundenheit verstehen. Betriebe und Verbände müssen allerdings personale Verbundenheit jenseits ihrer Welt voraussetzen; sie zehren sozusagen von diesem Kapital ebenso wie von der „außerbetrieblichen“ Kraft des Einzelnen als Person. Bzgl. dieses Problems muß die christliche Soziallehre der romantischen Organismusidee entschlossen den Abschied geben, desgl. jenem Individualismus protestantischer Herkunft, der die gesellschaftliche

Macht der rationalen Organisation und Einplanung des Menschen, d. h. die heutigen Formen der Abhängigkeit des Menschen in der technisierten Gesellschaft nicht zu erkennen vermag.

Mit dieser kritischen Abgrenzung ist jedoch die Frage keineswegs erledigt, ob und welche Institutionen anderer Struktur und Herkunft in diese technisierte, pluralistische Gesellschaft gleichsam „hineinragen" — wie z. B. Ehe und Familie, und in welcher Weise diese in und von der säkularen Gesellschaft teils rezipiert, teils umgeformt worden seien. Diese Frage genügt fast schon, um deutlich zu machen, daß es ein Ordnungssystem von Begriffen nicht (bzw. noch nicht) gibt, mit dem man alle Formen und formenden Kräfte unserer Gesellschaft eindeutig und voll erfassen könnte. Ebensowenig kann man diese Gesellschaft in ein statisches Ordnungssystem überführen, es sei denn, in die kommunistische Lösung der *Aufhebung* des Pluralismus in die totale Einheit der Ideologie und der zentralistischen, ökonomischen wie politischen Machtausübung.

4. Die Stellung der Kirche in der säkular-pluralistischen Gesellschaft

Von „außen" gesehen erscheint hier die Kirche als *ein* Sektor oder Verband neben anderen, mit seinem spezifischen „Interesse". Diese Einordnung bedeutet, von der Kirche her gesehen, ihre Nivellierung in die Multiformität dieser Gesellschaft, während anderen Gruppen der Gesellschaft dasselbe Faktum als notwendige Brechung des absoluten Geltungswillens der Kirche erscheint. Aber auch dann, wenn man die Kirche noch als eine äußere Schutzform der innerlichen, individuellen Frömmigkeit bewertet, wird die Folge eine Nivellierung der Kirche sein, da hier die Sphäre der „Religion" als eine unter anderen erscheint; so hat ein protestantischer Individualismus von sich aus dieser Einstufung der Kirche als Gesellschaftsverband vorgearbeitet. Mit dieser Einordnung in den gegebenen Pluralismus könnte die Kirche sehr wohl durch Handlungen und Formen ihres

Dienstes fertig werden, wenn nicht hinter diesem Faktum ein anderes sichtbar würde, das für die Kirche (vorausgesetzt, sie sei zur Selbstkritik fähig) weit bedrohlicher ist als eine soziologische oder politisch-praktische Außen-Ansicht der Kirche: nämlich ihre faktische *Nicht-Anwesenheit* in weiten Gebieten der pluralistischen Gesellschaft, ihre Beziehungslosigkeit zu vielen Menschen in vielen Gruppen der Gesellschaft. Die historischen Gründe für diese Tatsache können an diesem Orte nicht untersucht werden, zumal sie sehr vielfältig sind. Wir haben es hier mit der Tatsache selbst zu tun, die für die säkulare Gesellschaft kennzeichnend ist. Sie bedeutet zugleich die Aushöhlung der *Volks*-Kirche. Denn wenn dieser überlieferte Begriff und der in ihm steckende Anspruch Sinn haben soll, so besagt er doch, daß die Volkskirche nicht bloß für das ganze Volk da sein will, sondern darüber hinaus sich tatsächlich in allen Gruppen und Schichten dieses sozialen Gefüges präsent macht durch Verkündigung, Seelsorge, Diakonie usw. Da von einer solchen „Durchdringung" des Volkes von Seiten der Kirche nicht mehr die Rede sein kann (von Überresten volkskirchlicher Formen abgesehen), so wird die Sozialethik, gerade weil sie die universale Sendung der Kirche voraussetzt, bzgl. der Verwendung des Begriffes „Volkskirche" kritisch und vorsichtig sein müssen. Denn eben die Situation der Kirche in der pluralistischen Gesellschaft kann mit ihm *nicht* beschrieben werden; er verdeckt sie vielmehr. Der Hinweis auf die volkskirchliche Kindertaufe verfängt deswegen nicht, weil Millionen von Getauften faktisch ihr Leben ohne die Kirche leben, außerhalb von ihr. Die sog. Volkskirche aber ist jedenfalls bis heute nicht in der Lage, aus der von ihr vollzogenen Taufe der Kinder solche Folgerungen zu ihrem Aufbau und ihr Handeln zu entwickeln, die die Getauften wieder in die Gemeinschaft der Kirche einbeziehen würden. Dies neuartige Problem der aus der Kirche nicht rechtlich, aber faktisch ausgeschiedenen Getauften hat zuerst J. H. Wichern erkannt und beschrieben; es besteht aber nach 120 Jahren redlicher Bemühungen der Kirche noch heute, und zwar in verschärfter Form. Diese kritischen Bemerkungen erschöpfen das weitschichtige Problem der Volkskirche keineswegs; sie sollen jedoch markieren, daß die Lage der Kirche in der pluralistischen Gesellschaft mit Hilfe dieses traditionellen Begriffes nicht erfaßt werden kann.

Dies bedeutet aber durchaus nicht, daß es keine Handlungsformen mehr geben könnte, welche die universale Sendung der Kirche in die heutige Gesellschaft versichtbaren und konkretisieren könnten. Es geht um die Herstellung eines neuen Bezuges der Kirche zu den Menschen und Strukturen der modernen Gesellschaft. Denn der heutige Mensch lebt nicht mehr in den festen Gefügen von Familie, „Stand" und Staat, sondern in einer Vielzahl von Zusammenordnungen, die z. T. durch die moderne Wirtschaftsweise der „Industrie"-Gesellschaft hervorgebracht worden oder durch diese mitbedingt sind, in Betrieben, Büros, Verbänden wie denjenigen der Sozialpartner und dergl.; diese haben sich, bildlich gesprochen, zwischen die Familie und das politische Gemeinwesen eingeschoben, zugleich aber diese beträchtlich umgeformt; denn einerseits hat sich die moderne auf Partnerschaft tendierende Kleinfamilie mit reduzierten sozialen Funktionen, andererseits der immer weiter ausgreifende Sozial- und Wohlfahrtsstaat gebildet, der eine Reihe sozialer Sicherungsfunktionen teils an sich gezogen, teils neu ausgebildet hat (vgl. S. 110ff.).

Doch ist die Frage nach dem neuen Bezug der Kirche auf die Gesellschaft wieder aufzunehmen. Ausgeschlossen ist erstens eine „Gleichschaltung" bzw. eine Anpassung, die den Auftrag der Kirche verletzt, indem das von der Kirche zu verkündigende Evangelium von der Kirche selbst als eine Verbands-Ideologie oder eine „Weltanschauung" neben anderen angesehen würde.

Zweitens wird die Kirche verzichten auf den Versuch, sich wieder zur integrierenden *Mitte* der Gesellschaft zu machen und sich dabei von dem idealisierten Bilde der christlichen Gesellschaft des Mittelalters oder der altreformatorischen Landes- und Volkskirche leiten zu lassen, da diese sich unter den heutigen Verhältnissen überhaupt nicht mehr realisieren lassen, was auch dann der Fall wäre, wenn der empirischen Kirche sehr viel mehr missionarische und Menschen bindende Kraft gegeben wäre, als sie heute besitzt. Eine neue „Sakralisierung“ der gesellschaftlichen Institutionen ist nicht möglich, weil sie einer Aufhebung des säkularen Status der Gesellschaft gleichkäme. Eine solche Restauration kann weder die römische noch eine evangelische Kirche bewerkstelligen, auch nicht mit Hilfe von sog. christlichen Parteien.

Hieraus folgt, daß die Kirche, frei von Herrschaftsansprüchen, die immer nur neue „antiklerikale“ Affekte erzeugen können, zu der Gesellschaft nur eine *dienende* (diakonische) Haltung einnehmen kann. Zwar soll *alles* Handeln der Kirche zu allen Zeiten diakonischen Charakter tragen. Doch ist es besonders in der heutigen Gesellschaft notwendig, angesichts des weitverbreiteten Verdachts falscher Ansprüche der Kirche auf Herrschaft oder doch maßgebenden Einfluß und Vorrechte, herauszuarbeiten, daß die Kirche nie um ihrer selbst willen, sondern um der menschlichen Gesellschaft und der Bestimmung der Menschen willen da ist. Diese Diakonie bedeutet keinen Verzicht auf die göttliche Wahrheit des Evangeliums und seine Heilskraft für alle Menschen, bestimmt aber die Art der Ausrichtung der Sendung der Kirche und beschreibt sie als dienende Hingabe. Das Evangelium mit seiner Wahrheit bleibt Mitte der menschlichen Existenz, aber die dienende Kirche als Diakon des Mitmenschen hat damit nicht die Verheißung empfangen, in jeder Gesellschaft die beherrschende Schlüsselstellung innezuhaben, was zu der Konsequenz einer christlichen Gesellschaft, eines christlichen Staates führen würde.—

Die Bestimmung des diakonischen Verhältnisses der Kirche zur Gesellschaft bedeutet innerhalb der sozialethischen Betrachtung vor allem, daß sich der Dienst der Kirche auf die Gefährdungen und Belastungen des *Menschen* in der Gesellschaft richtet. Sie wird dabei theologisch-wissenschaftlich wie praktisch jene Fragen aufnehmen, die mit der Unsicherheit, der Ortlosigkeit und Abhängigkeit des Menschen gegeben sind und sich in dem sog. „Unbehagen“ oder sozialen Ressentiments oder übersteigerten Ansprüchen an den Wohlstand Ausdruck verschaffen. Für die Bewältigung solcher Fragen ist der Weg von der Person zur Institution ebenso unerläßlich wie der Weg von der Institution zur Person, da nicht nur Verhaltensweisen der Einzelnen in seinem Verhältnis zur Institution, zum Verband, sondern auch die Art der Einwirkung und Machtausübung der Institution ins Auge zu fassen sind (Machtausübung findet nicht nur von seiten des Staates statt; es gibt zahllose Formen nicht-staatlicher Machtausübung in allen gesellschaftlichen Formationen).

Das „diakonische“ Verhältnis der Kirche zur Gesellschaft verlangt von ihr eine Diakonie in *dynamischer Bewegung* zum Ort des Menschen hin, weil ohne diese eine Erfahrung der Wirklichkeit und Befindlichkeit des Menschen als Glied der heutigen Gesellschaft nicht möglich und diese Bewegung zur Korrektur kirchlicher Vorurteile notwendig ist. Der gesellschaftliche Standort der Menschen ist heute nicht zugleich ein Standort in der Kirche bzw. nicht mit diesem letzteren organisch verbunden. Ein kritischer Dialog der Kirche mit dem Menschen über sein Selbstverständnis, über seine sozialen Pflichten und Erwartungen, ist nur dann redlich, wenn die Kirche und ihre Diener zur Selbstkritik und Überprüfung ihrer Vorurteile in bezug auf die soziale Wirklichkeit bereit sind.

Steht die Kirche im Dienst des Menschen, des Menschen im Ganzen, d. h. des Menschen als sozialer und institutioneller Existenz, so bedeutet dies fernerhin, daß der Kirche die Wahrnehmung der menschlichen *Einheit* der Gesellschaft befohlen sei, wider alle Absolutsetzung von Klassen, Rassen, Nationen, herrschenden Gruppen und trennenden Ideologien, die den Haß rechtfertigen und in Dauerform bringen. In einer Gesellschaft *ohne* geistige Mitte, ohne herrschende Elite und ohne totalitäre Zusammenfassung ist die Kirche gerade in dieser Hinsicht notwendig der Anwalt des Menschen, weil das Evangelium über alle Schranken hinweg, universal die letzte Bestimmung der Menschheit ausspricht und die zukünftige, eschatologische Einheit der erlösten Menschheit verkündigt. Wer anders als die Kirche sollte der Einheit der Gesellschaft gedenken, da die Staaten immer nur begrenzte Integrationen darstellen, zeitlich wie räumlich? Man könnte einwenden, auch der Pazifismus, auch der sozialistische Humanismus habe die Einheit der Menschheit im Auge. Wir bestreiten dies nicht. Jedoch unterschätzen sie die Tatsache, daß menschliche Gesellschaftskörper immer durch Machtgruppen strukturiert sind, in ihrem optimistischen Moralismus. Sie sprechen zwar die ethische Forderung einer Einheit der menschlichen Gesellschaft aus, aber es fehlt ihnen die Kraft der *Erwartung*, die die Macht der Zertrennung der Menschheit durch die Sünde sowohl voraussetzt, als sich auch über diese erhebt. Gewiß aber kann der Dienst der Kirche an der menschlichen Einheit — z. B. auch am sozialen Frieden innerhalb eines begrenzten Gesellschaftskörpers oder Gemeinwesens — nur dann redlich ausgerichtet werden, wenn die einzelnen Kirchen sich um die ökumenische Überwindung der Zertrennungen in der Christenheit bemühen. Andernfalls wird ihr Dienst unglaubwürdig.

5. Prinzipien der Diakonie der Kirche an der Gesellschaft

An erster Stelle steht das Prinzip der *kritischen Solidarität.* Diese ist eine Konkretion der Nächstenliebe in bezug auf die Menschen der heutigen Gesellschaft. Liebe ist nicht Anpassung oder gar Unterwerfung unter die gegebene Gesellschaft und ihr Selbstverständnis, aber sie ist *Zuwendung* zur Gesellschaft und ihren Menschen. Diese ist der uns zugewiesene Raum für die Bewährung von Glaube, Liebe und Hoffnung. Solidarität ist Annahme dieser Welt, sie schneidet die Flucht in die Vergangenheit ebenso ab wie die Flucht in die Zukunft (Utopismus). In dieser Annahme realisiert sich die Einheit der Kirche mit der Gesellschaft. Die Christen bezeugen durch die Solidarität, daß sie selbst Glieder der modernen Gesellschaft sind, an ihren Lasten und Nöten wie an der gesamten Zivilisation teilhaben und vor allem für die Gestaltung der Gesellschaft (z. B. als Demokratie, als verantwortliche Gesellschaft, als Ordnung des sozialen Friedens) mit-verantwortlich sind.

Doch nennen wir diese Solidarität eine *kritische*. Denn die christliche Liebe ist nicht blind. Sie kennt die Konflikte der Gesellschaft und die Verkehrung sozialer Institutionen; sie weiß von der Sündhaftigkeit und der Entfremdung des Menschen von Gott, dem Mitmenschen und von sich selbst. Sie freut sich nicht an der Ungerechtigkeit, sondern dient der Gerechtigkeit. Daher nimmt sie die Gestalt *kritischer Imperative* an, die über den jeweiligen Zustand der Gesellschaft hinausweisen. Um des der Liebe befohlenen Mitmenschen willen führt die wahre Solidarität zur Kritik der Institutionen selber, nicht nur des Verhaltens von Menschen innerhalb von Institutionen.

Hierbei steht sie im Bündnis mit der *kritischen Vernunft*, die nach rechter Ordnung und Sachgemäßheit fragt. Als erkennende Liebe benutzt sie alle „profanen", wissenschaftlichen Erkenntnismittel — z. B. der Medizin, der Pädagogik, der Sozialwissenschaften —, die erreichbar sind und sich ihrer Zielsetzung einordnen lassen.

Demnach enthält die kritische Solidarität das Prinzip der *Offenheit*. Diese bezieht sich jedoch nicht nur auf ihr Verhältnis zur kritischen Vernunft (in den Wissenschaften), sondern auch auf ihr Verhältnis zu den gesellschaftlichen Fakten oder zu gesellschafts-kritischen Bewegungen, wie sie seit dem Ursprunge der modernen Gesellschaft für diese charakteristisch sind. Dies aber heißt, die Offenheit ist Teilnahme an der Offenheit jener dynamischen Gesellschaft, die nicht in ein System gebracht werden kann, weder theoretisch noch praktisch, weswegen auch die liberale, die sozialistische und die konservative Orthodoxie dieser Gesellschaft gegenüber zur Ideologie geworden sind. Die Offenheit christlicher Solidarität ist gegen derartige Ideologien gerichtet, d. h. aber nicht, daß sie einem Positivismus gleicht, der vor allem, was ist (im Sinne des empirisch Vorfindlichen), moralisch kapituliert („das läßt sich nicht ändern").

Kritisch ist die christliche Solidarität mit der heutigen Gesellschaft auch in der notwendigen, ständigen Überprüfung kirchlicher Arbeitsformen. Hierher gehört z. B. die Einsicht in die Gefahr der *christlichen Blockbildung* als Prinzip der kirchlichen Werke, des kirchlichen Verbandswesens. Man bildet „christliche Gewerkschaften", „evangelische Arbeitervereine" und viele ähnliche „Berufsverbände" und Organisationen, die sozusagen „von Christen für Christen" geschaffen werden. Das Motiv, die Christen in einer gesellschaftlichen Gruppe zu sammeln, durch Zusammenschluß zu stärken, vor den Gefahren des Säkularismus zu schützen, ist begreiflich, hat jedoch faktisch in zunehmendem Maße zur *Selbstabschließung* der kirchlichen Verbände und zur Frontbildung mit „Anti"-Charakter geführt: Man ist anti-sozialistisch, anti-kommunistisch, anti-liberal usf. und läßt sich durch Negation bestimmen. Der Versuch der Stärkung des christlichen Einflusses durch Sammlung der Christen schlägt um in die Aufhebung der christlichen Solidarität, der Liebe, die auch und gerade den Nicht-Christen gilt und eben dadurch die Wahrheit des Evangeliums Nicht-Glaubenden bezeugt.

Die dienende Kirche muß bei der Sammlung der Christen in der „weltlichen" Christenheit daher die Offenheit in die Gesellschaft hinein bewahren, weil andernfalls schließlich jedes Gespräch und jede Zusammenarbeit unmöglich gemacht würden; das letztere würde übrigens auch den Grundlagen einer als *Demokratie* politisch geordneten Gesellschaft widerstreiten. Der Einwand, man müßte sowohl die einzelnen Christen, die in Gesellschaft und Wirtschaft tätig sind, aus ihrer Vereinsamung befreien und in der heutigen Welt auch ein mutiges „Nein" zu sagen wissen, ist nur so lange richtig, als nicht aus dem Christentum eine politische Weltanschauung gemacht und die Christen von ihren Mitmenschen in der Arbeit getrennt, statt zum Dienst gesendet und befähigt werden. Die geistliche Gemeinschaft, welche den Glauben des Einzelnen nährt, steht zugleich im Zeichen des Dienstes.

Solidarität und Offenheit sind häufig nicht die Stärke der Theologen, der Träger des geistlichen Amtes (diese Feststellung gilt für alle Konfessionen). Bezüglich der Diakonie der Kirche an der Gesellschaft haben die „Laien" aber grundsätzlich — ganz abgesehen von den Mängeln der „Geistlichen", den *ersten* Auftrag. Sie tragen die Last der „weltlichen" Arbeit; sie sind in ihrer Person Kirche und Gesellschaft *zugleich* (womit eine Grenze dieser Unterscheidung sichtbar wird). Der Theologe kann nur Helfer und Berater, Diakon des „mündigen" Christen in der Gesellschaft sein. (Die Frage, wie der Christ zu dieser Mündigkeit gelangen kann, ist innerhalb des Rahmens dieser Einführung nicht ausreichend zu beantworten, da hierzu u. a. eine Lehre vom erziehenden Handeln der Kirche erforderlich ist). Mündigkeit des Christen ist in keinem Falle die Freiheit eines auf sich selbst gestellten Gewissens und kann nicht ohne das Leben in und mit der Kirche erlangt werden. Was am gesellschaftlichen Weltorte des Christen zu tun sei, kann weder der sog. „Laie" allein, noch der Pfarrer oder Theologe für sich entscheiden. Die Klärung und Entscheidung dieser Frage ist nur durch die Zusammenarbeit der „Laien" und der Theologen zu gewinnen, und es sind hierfür die verschiedensten Arbeitsgemeinschaften erforderlich, je nach den Gruppen und Sphären der Gesellschaft gesondert (was nicht heißt: von anderen ab-gesondert). Faktisch hat die Kirche auch schon eine ganze Reihe von Ansätzen hierzu ausgebildet (z. B. Arzt und Seelsorger, Erzieher und Theologe), andere befinden sich im ersten Stadium des Versuches; wichtig für die Erprobung sind die Teams der Evang. Akademien (Kooperation von Sozialwissenschaftlern und Theologen u. a. Verbindungen). Die richtige Fragestellung der Theologie, insbesondere der Sozialethik, kann nicht ohne die Hilfe der Christen in ökonomischen, politischen u. a. Positionen gefunden werden. Der Theologe soll nicht dem falschen Ideal nachlaufen, ein Universal-Experte werden zu können. Er hat genug damit zu tun, ein theologischer Diakon der Mitchristen zu sein, auf denen vorzüglich Last und Verantwortung des Handelns ruhen, ein Diakon, der auf einem bestimmten Felde des gesellschaftlichen Lebens sich mitzudenken bemüht. Daß es sich in solcher Kooperation und in den für diese erforderlichen Dienstgemeinschaften nicht darum handelt, neue Tricks, „wie man es macht", zu erfinden, ist selbstverständlich. Andererseits muß die den Theologen naheliegende Unterschätzung des „Wie", der Weise des Handelns, überwunden und die gegenseitigen Ressentiments von Theologen und „Laien" gegeneinander ausgeräumt werden. In der gesellschaftlichen Arbeit und den Institutionen der Gesellschaft ist der „Laie" nicht Laie, sondern der Erfahrene und Sachkundige.

Die Haltung der kritischen Solidarität führt demnach zu vielseitigen, z. T. neuen Formen der Zusammenarbeit der verschiedenen Glieder und Ämter der Kirche. Dem entspricht es, daß auch neue Gestaltungen kirchlicher Ämter entstehen (Sozialsekretär, Sozialpfarrer, Mitarbeiter der Inneren Mission, wie Heimerzieher, Fürsorgerinnen u. a., und der Ev. Akademien). Dieser Prozeß hat schon mit J. H. Wicherns Konzeption der Inneren Mission und der Neuschaffung des Diakonen- und Diakonissen-Amtes begonnen, die, von der Situation der Kirche um 1830 oder 1840 her gesehen, neue Formen und Ämter des kirchlichen Dienstes an den Elenden und Bedrängten der menschlichen Gesellschaft darstellten und in ihrer Legitimität und ihrem Recht umstritten waren.

Das Prinzip der kritischen Solidarität ist auch auf das Verhältnis der Christen zu den gesellschaftskritischen *Reformbewegungen* anzuwenden, welche die moderne Gesellschaft ständig aus sich hervorbringt, ebensowohl als Zeichen der inneren Unruhe und Unsicherheit, als auch des leidenschaftlichen Verlangens nach Freiheit, Menschlichkeit und Gerechtigkeit, das in der modernen Gesellschaft lebendig ist. Dies dürfte zeigen, daß sie noch nicht zureichend erfaßt ist, wenn man sie als rationales und funktionales System dargestellt hat (s. o.). In der Arbeiter-, der Frauen-, der Jugendbewegung, in den Gewerkschaften und Vereinigungen für soziale Reform oder sozialen Fortschritt sind Kräfte des humanistisch-ethischen Reformwillens im Sinne der Vermenschlichung der Gesellschaft lebendig gewesen und sind es z. T. noch heute. Einzelne Christen und Dienstgruppen der weltlichen Christenheit sind auf die Kooperation mit solchen Kräften angewiesen, da diese mit den gleichen Sachproblemen befaßt sind wie sie selbst. Aber sie werden sich solchen Bewegungen nicht ausliefern oder in ihnen aufgehen. Die kritische Solidarität fordert den kritischen Dialog darüber, was Emanzipation, Freiheit, Gerechtigkeit, Frieden, Humanität in der Gesellschaftskritik bedeuten. Die christliche Sozialethik kann weder den optimistischen Moralismus („der Mensch ist gut“) noch etwa die Vorstellung einer total egalitären Gesellschaft annehmen, wie sie in derartigen Bewegungen auftreten. Andererseits werden die Christen durch den Eifer und die Opferbereitschaft beschämt, mit der solche Bewegungen, zuvörderst der Sozialismus, gegen die Herabwürdigung des Menschen und Ungerechtigkeit aller Art gekämpft haben. Zugleich haben sie damit die Hauptnöte der modernen Gesellschaft sichtbar gemacht. Die Kirche kann sich zwar nicht mit ihnen identifizieren, auch die Organe ihrer Diakonie an der Gesellschaft nicht. Aber sie kann auch nicht ohne die Begegnung mit diesen Kräften und ohne die Verarbeitung der Erfahrungen, die in dem Ringen um die Umformung der Gesellschaft gemacht worden sind, handeln, falls sie nach neuen Wegen ihres Dienstes an der modernen Gesellschaft sucht. Die Nächstenliebe realisiert sich in den Formen des praktischen Humanismus; sie kann diese aber auch davor bewahren, in dem Konflikt der moralischen Utopie mit der Wirklichkeit gesellschaftlicher Zerrissenheit, Unordnung oder Verwahrlosung entleert und aufgerieben zu werden.

6. Die Aufgabe der gesellschaftlichen Diakonie

Fassen wir die bisherigen Andeutungen über das Diakonat der Kirche für die Gesellschaft zusammen, so können wir abkürzend von der sozialen oder „gesellschaftlichen

Diakonie" sprechen und diese von der pflegend und fürsorgerisch oder sozialpädagogisch arbeitenden Diakonie unterscheiden (nicht freilich von dieser letzteren lostrennen). Die gesellschaftliche Diakonie hat es primär mit dem Menschen als arbeitendem Gliede der Gesellschaft in seiner *sozialen und institutionellen Existenz* zu tun. Sie faßt den einzelnen Menschen von dieser Dimension aus ins Auge. Sie hat es daher stets mit der Veränderung und Umbildung der *Institutionen selbst* zu tun, in die der einzelne Mensch als Arbeiter, Angestellter oder Beamter eingeordnet ist, und mit den Verbänden, welche die Gruppeninteressen organisieren und vertreten, mit den sog. „Sozialpartnern" u. a. Die Institutionen der Gesellschaft müssen ständig kontrolliert und reformiert werden, damit sie nicht in Gegensatz zu der wirklichen Entwicklung der Gesellschaft und in bürokratische Eigengesetzlichkeit geraten; ständig müssen sie geprüft werden, ob sie dem Menschen dienen oder ihn in die Rolle des Abhängigen, des Machtlosen und Unfreien hinunterdrücken. Vollends im Zeitalter des Sozial- und Wohlfahrtsstaates und der Institutionalisierung der sozialen Gegensätze ist die Kritik der Institutionen eine ständige Aufgabe, die freilich mit allgemeiner Menschenliebe nicht gelöst werden kann. Die notwendige Vereinigung von *Liebe und Sachkunde* hat sich längst in großen, praktischen Leistungen bewährt (so in der ganzen Geschichte der Inneren Mission); Sachkunde aber meint hier mehr als theoretisches Wissen, sie ergibt sich aus dem praktischen Vollzuge des Lebens in den Institutionen, aus der Teilnahme, die allein die Einsicht in den inneren Bau solcher Einrichtungen gewährt. Hier entsteht die intime Kenntnis des Möglichen in Bezug auf Umgestaltung und Fortschritt. Andererseits kann die Sachkunde auch derartig partikular und auf einen so kleinen Sektor der Gesellschaft beschränkt sein, daß sie durch Beschränktheit „ideologisch" wird, d. h. durch isolierende Behandlung der „eigenen" Institution, des eigenen Verbandes oder des speziellen Sachgebietes. Dann wird die Beziehung zu anderen Institutionen verzerrt, die Bedeutung der Interessen einer einzigen gesellschaftlichen Gruppe wird übersteigert: sie hält sich z. B. ihrerseits für den Kern und die Mitte der Gesellschaft.

Die gesellschaftliche Diakonie wird also nach dem Verhältnis der Institutionen zum Menschen fragen: Dienen sie der Bestimmung des Menschen? Diese faßt die christliche Sozialethik aber nicht als eine im „Diesseits" der Welt sich vollendende (Kap. I). Daher macht diese Frage auch die *Grenze* der Institutionen und ihrer Macht (und zwar keineswegs nur des Staates!) sichtbar. K. Marx hatte recht, als er den Menschen als „gesellschaftliches" Wesen analysierte, aber er ist zugleich das Wesen, das seine soziale Existenz durchbricht, da seine „letzte" Bestimmung zur Bürgerschaft im Reiche Gottes ihn über alle Institutionen der Welt hinaus in die Freiheit der Kinder Gottes erhebt.—

Es ergibt sich demnach, daß die Diakonie der Kirche als „gesellschaftliche" in derjenigen Weise um die Menschlichkeit des Menschen sich bemüht, daß sie auf die Umbildung und Erneuerung der Institutionen gerichtet ist sowie der Rechtsformen und Gesetze, durch welche jene bestimmt oder in die sie gefaßt sind; so greift z. B. gesellschaftliche Diakonie in die Sozialpolitik ein; die Probleme der sozialen Sicherheit des Menschen in einer dynamischen Gesellschaft sind ihre eigensten Probleme.

Sodann richtet sich ihre Aufgabe auf das *Verhältnis der gesellschaftlichen Gruppen und Verbände* untereinander, auf die sozialen Konflikte. Sie stellt sich in den Dienst des sozialen Friedens, ohne der Utopie einer dauernd harmonischen Gesellschaft zu erliegen (s. S. 126 ff.).

Drittens ist es Aufgabe der gesellschaftlichen Diakonie, denjenigen Gesellschaftsgruppen Hilfe zu leisten, die, wie z. B. Vertriebene und Flüchtlinge, durch politische Katastrophen oder durch offenkundige Ungerechtigkeiten der Gesellschaftsordnung, als Eigentumslose, Abhängige, Diskriminierte (z. B. wegen ihrer Zugehörigkeit zu einer „fremden" Rasse) in soziale, wirtschaftliche, menschliche Bedrängnis geraten sind.

In alledem hat es die gesellschaftliche Diakonie der Kirche mit dem Geschick und der Stellung des Menschen in der Gesellschaft zu tun. Darin ist sie der *praktische Vollzug des christlichen Humanismus.*

Auch von der Seite der pflegenden und fürsorgenden Diakonie her wird die Notwendigkeit der umfassenden, gesellschaftlichen Diakonie sichtbar. Denn die erstere bedarf der Mittel der Gesetzgebung und der Schaffung von Institutionen in der Gesellschaft, die ihr Dauer geben. Auf einzelne, personale Hilfe-Akte ist sie längst nicht mehr beschränkt. Ebenso greifen die Sozialpädagogik und ihre Anstalten (erziehende Diakonie) ständig in den Raum und die Arbeitsweisen der gesellschaftlichen Diakonie über und müssen dies tun. Die beiden Grundformen der Diakonie (die noch weiter differenziert werden können) stützen und bedingen sich gegenseitig. Gibt es vollends Fälle der Massen-Verwahrlosung, so sind die Akte und Institutionen ebensosehr sozialgestaltenden wie pflegerisch-fürsorgerischen Charakters. Die Unterscheidung darf also nie zur Trennung beider oder auch nur zur Überbewertung der *einen* Grundform führen. Beide sind zudem durch die moderne Industrie-Gesellschaft und die in dieser auftretenden Nöte bedingt; dies gilt schon für Wichern und seine Konzeption der „Inneren Mission", welche die von uns sog. „gesellschaftliche Diakonie" von ihrem Ursprung an miteinschließt.

Es muß noch ausdrücklich gesagt werden, daß der sozialethische Begriff einer gesellschaftlichen Diakonie der Kirche ein grundlegendes Element der sozialistischen Gesellschaftskritik aufzunehmen hat, nämlich den Begriff der *Entfremdung* des Menschen von sich selbst und seiner Bestimmung, von seinem Mitmenschen und von seiner Arbeit. Der Begriff Entfremdung trifft zunächst die Zerrissenheit der bürgerlich-kapitalistischen Welt, die besonders im Proletariat zum Ausdruck kommt. Doch ist „Entfremdung" in der heutigen Gesellschaft nicht mehr im Proletariat zentriert. Daher muß der Begriff der Entfremdung erweitert, d. h. vor allem auf neue wirtschaftliche und gesellschaftliche Phänomene bezogen werden, die K. Marx unbekannt waren. Auch können wir nicht der Erwartung huldigen, daß die Entfremdung in ihre vollkommene Überwindung und die endgültige, reiche Fülle des Menschseins umschlagen wird. Denn die Entfremdung gesellschaftlicher Art(z. B. Unfreiheit, Verdinglichung des Menschen) weist auf einen Grundwiderstreit in der menschlichen Existenz zurück, den die christliche Botschaft als Entfremdung von Gott und als „Sünde“ erkennen lehrt, welche durch Gesellschaftsordnungen und sozialethische Bemühungen nicht aufgehoben werden kann. Wohl aber kann die handelnde Kirche in ihrer Diakonie von der in Christus geschehenen und geschehenden Versöhnung als Aufhebung dieser „letzten“ Entfremdung von Gott ausgehen, um von hier aus in den konkreten Kampf mit den Entfremdungs-Erscheinungen in der Gesellschaft einzutreten, um also durch ihren Dienst an der sozialen Gerechtigkeit oder ihre Sorge um die menschenwürdige Stellung des abhängigen Menschen in der Gesellschaft, sei er „Arbeiter“ oder diskriminierter Neger oder was immer, die Aufhebung der Ur-Entfremdung zu dokumentieren und aus der durch diese Aufhebung begründeten Vollmacht der in der Gesellschaft und ihren Strukturen wirksamen und ständig neue Formen annehmenden Entfremdung zu begegnen. Die Utopie, daß der Mensch selbst in seiner tiefsten Entfremdung sich zum Sieger über diese Macht erhebe — nach Marx in Gestalt des Proletariats — ist zwar damit preisgegeben, nicht aber die Erkenntnis der gesellschaftlichen Realität der Entfremdung, und nicht die Einsicht in die Notwendigkeit, immer neue, relative, geschichtliche Überwindungen der Entfremdung in der „sozialen“ Dimension zu erkämpfen, statt sich der Klage über die Herrschaft des Unrechts und der Gewalt hinzugeben, in dem Wahne, diese Art von Ergebung sei besonders christlich. „Christlich“ kann nur der *Widerstand* gegen die ständig neue Pervertierung gesellschaftlicher Zustände und Einrichtungen genannt werden, nicht aber der Fatalismus, der solche für unabänderlich erklärt. Das Gleiche gilt auch von der Entfremdung der *Kirche von sich selbst* und ihrer Bestimmung, die als ein Grundzug der ganzen Kirchengeschichte bezeichnet werden muß, von dem sich keine Konfession, keine institutionelle Kirche (als geschichtliche und soziale Realität) selber frei sprechen kann. (Auch der Schwur auf die Rechtfertigungslehre der Reformation unterdrückt die Tendenz zu Selbstrechtfertigungen der Kirchen bekanntlich keineswegs). Wir stellen dies deswegen fest, weil auch an diesem Punkte sichtbar wird, daß die Sozialethik mit der *ökumenischen* Selbstkritik der Kirche und die gesellschaftliche Diakonie der Kirche mit der Einsicht in die faktische Entfremdung der Kirche von sich selbst auf das engste verbunden sind. Sozialethik und gesellschaftliche Diakonie werden unglaubhaft, wenn sie nur von Entfremdung in der Gesellschaft, in der sozialen Existenz des Menschen sprechen und nicht gleichzeitig die Entfremdung der Kirche von sich selbst ins Auge fassen, d. h. den Widerstreit der Christen und kirchlicher Institutionen gegen die Sendung der Kirche und gegen ihre Einheit, der ihren Dienst in der Welt behindert und belastet.

Kapitel III:

DAS GEMEINWESEN ALS DEMOKRATIE

Die Demokratie ist die gefährdetste und schwierigste Staatsform, die es gibt. Denn sie stellt die höchsten ethischen Anforderungen an den einzelnen Bürger und an die gesellschaftlichen Gruppen in der politischen Einheit des Gemeinwesens. Darum ist die Demokratie nicht nur ein Problem der Staatslehre und der Soziologie, sondern auch der christlichen Sozialethik. Die Demokratie ist ein Grundproblem der politischen Ethik besonders heute, da sie durch die Verfechter des „autoritären" Staates und der totalitären Systeme angegriffen wird; die letztere bezeichnen die kommunistische Fassaden-Demokratie ihrerseits als die wahre oder „Volks"-Demokratie. Da Demokratie Volksherrschaft bedeutet, ist die Doppelung ein höchst bezeichnender Unsinn.

1. Gesellschaftliche und politische Demokratie

Entscheidend ist für die christliche Soziallehre die Frage nach den gesellschaftlichen Fundamenten der Demokratie. Denn diese kann nicht als bloße politische Verfassung, geregelt in einem Grundgesetz, oder als eine politische Methodik, zur Regierungsbildung zu gelangen, bestehen. Das wäre eine Demokratie im luftleeren Raum. Sie ist vielmehr an sozialethische Voraussetzungen gebunden und an gesellschaftliche Konventionen, die überall, auch in der „privaten“ Sphäre, in freien Vereinigungen und im wirtschaftlichen Leben gelten und vollzogen werden. Wir nennen diese vorstaatliche, demokratische „Lebensform“ zusammenfassend „gesellschaftliche Demokratie“ und verstehen diese als die Grundlage der politischen Demokratie und ihrer Organe (Parlament, Parteien, Wahlverfahren usw.). Die gesellschaftliche Demokratie aber lebt nicht von einer geschriebenen Verfassung, sondern von einem politisch-sozialen Ethos. In Deutschland ist diese gesellschaftliche Demokratie kümmerlich entwickelt, da ohne Tradition, womit manche Schwierigkeiten im Funktionieren unserer politischen Demokratie zusammenhängen.

Nun kann kein Zweifel darüber bestehen, daß sich die Demokratie von ihren ursprünglichen geistigen Grundlagen losgelöst hat, die vorzüglich im 18. Jahrhundert gelegt worden waren: Die rationale und moralische *Utopie* von der Demokratie als der politischen Ordnung, die Glück und Wohlfahrt, Frieden und Freiheit für alle mit sich bringen werde und schließlich die Menschheit ins Reich der vollendeten Humanität hinüberführen müsse, ist dahingeschwunden, und mit ihr die anthropologische Voraussetzung des Glaubens an das wesenhafte Gut-sein des Menschen, der nur noch der Aufklärung und Erziehung bedürfe, um zum vollkommenen Menschsein zu gelangen. Auch kennen wir nunmehr aus geschichtlicher Erfahrung den Widerstreit der Freiheit und der Gleichheit in der Demokratie; die Gleichheit kann zur völligen Aufhebung der Freiheit führen, zumal, wenn sie kollektivistisch verstanden wird; die Freiheit dagegen zur Anarchie und Ordnungslosigkeit, wenn sie als schrankenlose Freiheit der Einzelnen und der Gruppen absolut gesetzt wird, wenn die „Menschenrechte", die den alten Privilegien-Staat revolutioniert haben, nicht mehr mit den Bürgerpflichten, dem Dienst am Gemeinwesen, verbunden werden. Freiheit und Gleichheit müssen immer wieder in ein ausgewogenes Gleichgewicht gebracht werden. Die Demokratie bedarf in weit höherem Maße als andere Staatsformen der verantwortlichen Teilnahme des Einzelnen und des Prozesses der ständigen Integration, nicht zuletzt durch die politische Erziehung aller Glieder des Gemeinwesens. Wir können die Demokratie nicht mehr auf eine vorausgesetzte Vernünftigkeit aller Menschen und deren organische, politische Folgen (z. B. politischer Sachverstand und Entscheidungsfähigkeit des Einzelnen; Bereitschaft, vernünftigen Argumenten zu folgen) gründen. Die politische Vernunft muß immer neu hervorgebracht werden. Von hier aus wird die Bedeutung des christlichen Humanismus für die Fundierung und Stärkung der Demokratie sichtbar.

Von einer „christlichen" Staatsform weiß er so wenig wie von einer christlichen Gesellschaftsordnung. Ebensowenig glaubt er an die Möglichkeit, mit den Mitteln der Vernunft eine ideale oder die „beste" Form der politischen Ordnung auffinden und organisieren zu können. Aber er nimmt die Demokratie als diejenige politische Ordnung und Methode an, mit der heute relativ am besten die Freiheit und die Personwürde des Menschen respektiert und zur Basis des Gemeinwesens gemacht werden kann. Der christliche Humanismus begrenzt jedoch zugleich die Freiheit, indem er sie als verantwortliche Gebundenheit an das Gemeinwesen und als verantwortlichen Dienst am Gemeinwesen versteht. Beides gehört zu der Konzeption der „verantwortlichen Gesellschaft", die von den Weltkirchenkonferenzen zu Amsterdam (1948) und Evanston (1954) als Leitbild und kritischer Maßstab des christlichen Handelns aufgestellt worden ist. Je schärfer in der heutigen Gesellschaft der Pluralismus der Interessen und die Ansprüche des Einzelnen an Wohlstand und Sicherheit hervortreten, desto notwendiger wird dieses christliche Verständnis der Freiheit, das uns an den Mitmenschen bindet und zur Hingabe an das Gemeinwesen erzieht, nicht weil dieses eine übergeordnete Größe von heiligem Range wäre, sondern weil es die konkrete, politische Einheit und Rechts-Ordnung ist, die es ermöglicht, dem irdischen Wohle aller in Ordnung und Frieden nachzustreben.

Wir haben also die politische Demokratie als Ausdruck der gesellschaftlichen Demokratie oder der verantwortlichen Gesellschaft zu verstehen.

Auf der anderen Seite gilt, daß erst die politischen Institutionen der gesellschaftlichen Demokratie Dauer und Festigkeit verleihen, und daß gerade sie den ethischen Anruf an den einzelnen Bürger richten, an der Bildung und Tätigkeit der politischen Organe teilzunehmen. Das Ethos der Demokratie kann ohne ihre politischen Institutionen nicht erhalten bleiben.

2. *Demokratie als Herrschaftsform*

Wenn wir die Demokratie als Herrschaftsform bezeichnen, so geben wir der Utopie einer *machtlosen* Gesellschaft den Abschied, die vielfach mit der Erhebung der Demokratie gegen die alten, herrschenden und machttragenden Gruppen (Fürsten, Adel, Priesterschaft) verbunden gewesen ist. An Stelle der Könige wollte man die Herrschaft des „Gesetzes" aufrichten. Man übersah, daß eine sittliche Norm und daß auch ein Staats-Grundgesetz nicht ausreichen, um ein Gemeinwesen zu regieren, und daß keine Gesellschaft ohne machttragende Gruppen geordnet werden kann, die auch den Aufbau der Gesellschaft bestimmen. Jedes Gemeinwesen muß regiert und geführt werden, auch jede Demokratie.

Aber die unersetzbare, sozialethische Bedeutung der Demokratie liegt darin, daß sie Herrschaft und Freiheit verknüpft, ja die Herrschaft an die Bedingung der Freiheit und der Rechte des Menschen als Person bindet. Daher macht sie eine Form der Herrschaft unmöglich, welche nur

„Untertanen“ kennt, die zu gehorchen haben, vollends eine Herrschaft, die einen absoluten Unterschied zwischen Herrschenden und Beherrschten befestigt. Die Machtausübung wird in der Demokratie auch zeitlich begrenzt; es sind Mittel vorgesehen, mit deren Hilfe eine neue Regierung an Stelle der alten eingesetzt werden kann. Die Demokratie macht aus dem Untertanen der „Obrigkeit“ den *Bürger*. Doch ist dieser Umwandlungsprozeß in Westdeutschland noch keineswegs abgeschlossen.

Damit stehen wir vor der Frage, ob wir die lutherische Tradition, die von der „Obrigkeit“ spricht und diese als von Gott eingesetzte versteht, woraus sich ihre dem Untertan verpflichtende Autorität ergibt, noch aufrechterhalten können. Sie schuf einstmals ein persönliches Treue- und Dienstverhältnis gegenüber den Fürsten; denn die Obrigkeit waren konkrete „Oberpersonen“ und nicht Behörden, geschweige denn das moderne Abstraktum „Staat“. Darin lag die große sozialethische Binde- und Formungskraft dieser Tradition. Aber alle ihre sozialen Voraussetzungen sind geschwunden, und der Versuch, sie durch ein säkularnationalistisches Führer-Gefolgschafts-Denken zu ersetzen, hat sich als zerstörerisch-dämonisch erwiesen, obwohl viele Christen in Deutschland eine zeitlang geglaubt hatten, auf diesem Wege die sittliche Hoheit und Autorität der Staatsgewalt gegenüber der Parteien-Anarchie wiederherstellen zu können. Der sog. „autoritäre“ Staat aber wird praktisch in der Diktatur enden, die sich genötigt sieht, gegen bedeutende Gruppen der Gesellschaft mit den Mitteln des Polizeistaates zu regieren, an deren Ende der Umsturz steht. Also ist auch diese Umformung des alten Obrigkeitsstaates keine Lösung der heutigen Aufgabe einer politischen Ordnung, zumal ihr die die alte Ordnung tragenden, religiösen Kräfte fehlen.

Um so drängender wird die Frage, ob wir die christlichen Aussagen über die Autorität der von Gott angeordneten, politischen Gewalt (Röm. 13, 1—7), die die Christen mit allen anderen Menschen zusammen anzuerkennen haben, auf die Demokratie beziehen können und sollen.

Erstens ist hierzu festzustellen, daß die heutige Kirche durch Röm. 13 nicht auf die Anerkennung einer bestimmten Staatsform festgelegt wird, da es dort ausdrücklich heißt, die jeweils gegebenen politischen Gewalten (Paulus benützt die staatsrechtlichen Begriffe seiner Zeit) seien als Gottes Anordnung zu respektieren.

Sodann ist zweitens vom Zustandekommen der Herrschaft oder der Art der Machtbildung in Röm. 13 überhaupt nicht die Rede, so daß weder eine Festlegung der Christen auf die Erbmonarchie noch auf eine vom Patriziat geführte Republik noch auf die christlichen Obrigkeiten des 16. oder 17. Jahrhunderts möglich ist. Drittens, und dies ist von entscheidender Bedeutung, die Demokratie steht in der Kontinuität der Aufgabe des Staates zu allen Zeiten, nämlich für *Ordnung, Recht und Frieden* im Umkreis eines oder mehrerer Völker oder eines geschichtlich gewordenen Gesellschaftskörpers zu sorgen. *Im Dienste dieser Aufgabe* ist die Machtbildung und -ausübung legitim, aber freilich niemals absolut. Denn der Staat ist weder der Schöpfer des Ethos und des Rechtes noch der Repräsentant der höchsten Wahrheit noch der Mittler des Heils. Er und seine Träger unterstehen den sozialethischen Normen. Im Dienste von Ordnung, Recht und Frieden übt die Regierung Macht aus; die Anwendung von Gewalt ist nur *eine* der vielfältigen Formen der Machtausübung.

Autorität und Hoheit des Gemeinwesens sind auch für die Demokratie unveräußerliche und wesensnotwendige Elemente. Denn ohne diese ist die einheitliche Zusammenfassung einer vielgestaltigen Gesellschaft oder großer Nationen undenkbar. Diese „Hoheit" ist aber weder mit der Glorifizierung der Macht oder gar der nackten Gewalt identisch, noch kann sie von diesen abgeleitet werden. Sie ist vielmehr mit der außerordentlichen, unersetzlichen *Dienstaufgabe* des Staates an der Gesellschaft gegeben, und diese ist in jedem Falle von Gott gesetzt, auch in Gestalt der Demokratie und der auf demokratischem Wege zur Macht gelangten Staatsmänner, auch dann also, wenn die *politische* Legitimation der Macht vom Volke ausgeht. Die christliche Aussage über pax et iustitia (Frieden und Gerechtigkeit) als Amt des Staates am Menschen und der Gesellschaft ist in vollem Umfange auf die Demokratie anzuwenden. Irgendein Heilscharakter kommt der Demokratie so wenig zu wie irgendeinem anderen politischen System. Sie ist jedoch die einzige uns heute gegebene politische Ordnung, in der wir Herrschaft und Freiheit verbinden und durcheinander kontrollieren und begrenzen können. Wegen der unerhörten Schwierigkeit dieser Aufgabe muß die Demokratie ständig überwacht und fortgebildet werden, damit sie nicht von der Diktatur oder dem totalitären System oder der Anarchie der Gruppen verschlungen wird. Sie ist die Form der politischen Ordnung auf dem Boden der Freiheit und darum diejenige politische Formung der Gesellschaft, in der die Macht und die machttragenden Gruppen begrenzt und kontrolliert werden können, durch das Parlament bzw. die Opposition, die öffentliche Meinung, die gegenseitige Kritik der Parteien, die Ablösung der Regierung uam. Die Neigung des Menschen zum Machtmißbrauch und zur sozialen Ungerechtigkeit macht die Demokratie so nötig, daß sie heute erschaffen werden müßte, wenn es sie nicht gäbe. Mit ihr verlieren wir „Recht und Freiheit und also auch unsere Menschenwürde" (H. Gollwitzer). Es ist eine unermeßliche Wohltat, die wir der Anordnung Gottes verdanken, wenn der Staat Frieden und Recht aufrechterhält, und wenn das demokratische Gemeinwesen dies unter der Bedingung der Freiheit und der Menschenrechte leistet.

3. Die Gefährdung der Demokratie

Bestimmte Gefahren drohen der Demokratie vom Pluralismus der Interessen und der „Herrschaft der Verbände", welche die Regierung und das Parlament bestürmen. Gesellschaftliche und ökonomische Interessen werden heute oft ideologisch überhöht und in ihrer Bedeutung für das Gemeinwesen übersteigert. Einzelne Verbände gebärden sich als Zionswächter der Demokratie. Unbegrenzte Ansammlung wirtschaftlicher Macht wirkt direkt und mehr noch indirekt politisch auf die Regierungen ein. Freiheit wie Gleichheit der Glieder des Gemeinwesens können durch Interessen-Mächte ausgehöhlt und untergraben werden.

Im Zeitalter der Massengesellschaft ist die alte Form der direkten Demokratie unmöglich geworden. In der „Massen-Demokratie" droht die Gefahr, daß sich eine große Schicht von untätigen und unpolitischen Bürgern bildet, die bestenfalls ihrer Wahlpflicht genügen. Sie kämpfen zwar um Lohn, Einkommen und Wohlstand, scheuen aber die freiwillige, politische Arbeit, sei es in Parteien, sei es in anderen politischen Kreisen. Es droht die Gefahr, daß Politik überwiegend die Sache von „Berufspolitikern" und Verbandsfunktionären wird. Die unpolitischen Bürger verfallen in Krisenzeiten leicht dem linken oder rechten Radikalismus. Die Demokratie ist daher nur zu sichern durch umfassende politische Bildung und Erziehung, die mit *allen* Formen und Einrichtungen der Erziehung von der Volksschule an organisch verbunden werden muß.

Auch die Bildung einer tragenden, politischen *Elite* ist in der heutigen Demokratie schwierig, nachdem die alten auf Geburt und Adel, Besitz und Bildung gegründeten Eliten zerfallen sind. Zwar gibt es Gruppen- und Spezial-Eliten, in den Gewerkschaften, bei den Unternehmern, in Parteien und anderen Verbänden mit beachtlichen Spezialleistungen, doch sind die Teileliten in der deutschen Gesellschaft noch nicht zu einer das Gemeinwesen tragenden politischen Elite mit staatsformender Kraft zusammengewachsen. Auch in dieser Hinsicht fehlt der deutschen Demokratie die gesellschaftliche Grundlage einer den Gruppen-Pluralismus durchstoßenden, demokratischen Haltung, welche die Interessen unter dem demokratischen Gesichtswinkel der salus publica (Gemeinwohl) für *alle* Glieder des *Gemein*wesens bemißt. Demokratie ist auch Wille zur Einordnung der Interessen, nicht bloß zu ihrer kämpferischen Vertretung und rücksichtslosen Durchsetzung, und dafür muß demokratische Haltung auch zum Verzicht oder zur Beschränkung begreiflicher oder berechtigter Interessen bereit sein. Die relative Autonomie der Gruppen und Verbände darf nicht zu einer absoluten werden, d. h. zu einer solchen, die das Gemeinwesen sprengt oder auf Kosten anderer Mitglieder desselben Gemeinwesens sich durchsetzt, — ein Satz, der auch für die sog. „Sozialpartner" und gegen den Mißbrauch der Tarif-Autonomie zum Schaden der Massen der Verbraucher gilt.

Doch alle diese Gefährdungen der Demokratie — es konnte sich hier nur um verkürzende Andeutungen handeln — lassen die ethische Bedeutung der Demokratie und ihren Anruf an den Menschen als verantwortliches, „gesellschaftliches Wesen" nur in noch schärferem Lichte erscheinen. Keine der Gefahren der Demokratie darf uns veranlassen, sie preiszugeben oder von neuem verfallen zu lassen.

4. Demokratie und Nation

Die großen Demokratien der modernen Welt sind als nationale Demokratien entstanden und haben sich mit Hilfe des nationalen Selbstbewußtseins zur tragfähigen, politischen Ordnung entwickelt; sie haben nationale Symbole geschaffen und die geschichtliche Überlieferung der Völker voll in sich aufgenommen. Ja, auch der moderne Nationalismus ist auf dem Boden der neuen National-Demokratien entstanden und hat sich als Sendungsbewußtsein von Nationen ausgebildet, die der Welt eine neue politische Ordnung und Einsicht zu bringen hatten. Insbesondere geschah dies durch die Französische Revolution. Erst durch die Demokratie sind die Völker zum politischen Selbstordnungswillen erwacht, aber nationale Einheit und nationale Geschichte boten auch der Demokratie mächtige Kräfte des Zusammenschlusses der Einzelnen und der früheren „Stände" dar; ja die nationalen Demokratien haben sogar der Klassenspaltung in der Gesellschaft des 19. Jahrhunderts zu widerstehen vermocht.

In der Verbindung von Demokratie und Nationalismus scheint z. T. noch heute (so in Asien und Afrika) eine revolutionäre Kraft zu liegen. Aber die Nation kann heute nicht mehr als die höchste und die entscheidende politische Einheit gelten. So wichtig einerseits der Aufbau der Demokratien in kleinen Räumen, einzelnen Völkern oder anderen begrenzten Gesellschaftsgebilden ist, so stehen wir doch andererseits vor der ungeheuren Aufgabe, *übernationale* Einheiten in demokratischer Ordnung, ohne Vergewaltigung und Zerstörung nationaler Staaten zu schaffen. Vor allem muß die Gefährdung der Demokratie durch die nationalistische Idee bekämpft werden, da diese die Nationen voneinander trennt und die Nation zum höchsten Wert und alles umfassenden Gesetz erhebt. (Daß es, vorzüglich in Deutschland und Rußland, auch einen *anti*demokratischen Nationalismus gegeben hat bzw. gibt, teils konservativer, teils völkisch-rassischer Prägung oder als „Sowjet-Patriotismus", kann hier nur am Rande vermerkt werden.)

Da wir nationale Symbole der Demokratie nicht rational konstruieren können, und da in Deutschland z. Zt. die Nation in ihrer geschichtlichen Einheit nicht zur Grundlage der Demokratie gemacht werden kann, so ist diese unsere Demokratie wesentlich auf andere, ethische Bindekräfte angewiesen. Nur Hingabe, Dienst und Opfer für diese werdende Demokratie können ihr Festigkeit und Stärke geben und allmählich eine Tradition demokratischer Haltung und eines politischen Stils schaffen.

5. *Kirche und Demokratie*

Die Demokratie ist nicht „die christliche" Staatsform, sie ist Demokratie für Nichtchristen und Christen, für jedermann. Aber die Demokratie wird unter den Bedingungen der Gesellschaft des 20. Jahrhunderts zum *christlichen* Anliegen, weil sie die Chance zur Gestaltung eines *menschenwürdigen* Gemeinwesens von Freien bietet, in welchem die Träger der Macht politisch, rechtlich und ethisch gebunden und verantwortlich sind, und die Vorherrschaft einer Klasse bzw. Gruppe über die anderen unmöglich gemacht wird.

Darum ist die Kirche als „weltliche" Christenheit *mit*- (nicht allein!) verantwortlich für Freiheit und Gleichheit der Bürger als den Grundlagen der Demokratie. Zwar muß es Amtsträger der Kirche geben, die in voller Hingabe an das betr. Amt der Kirche *nicht* direkt politisch tätig sind (Bischöfe, Pastoren, Diakone), aber für alle Christen in „weltlicher" Arbeit und Position gilt die sozialethische Forderung tätiger Mitverantwortung in politischen Zusammenschlüssen und Funktionen einschl. der Parteien. Hierbei müssen die Glieder der weltlichen Christenheit die Gefahren der Klerikalisierung der Politik und der Politisierung der Kirche im Auge behalten. Aber es gilt auch hier: abusus non tollit usum (der Mißbrauch hebt den rechten Gebrauch nicht auf).

Da nun christliche Verkündigung und christliches Handeln auf den geschichtlich gegebenen Staat in kritischer Solidarität bezogen sind, so muß sich die christliche Sozialethik von politischen Vorstellungen befreien, deren reale Bedingungen verschwunden sind. Sie kann weder mit Obrigkeit noch mit christlicher Obrigkeit rechnen, wie es sie vor den politischen und sozialen Revolutionen gegeben hat. Sie muß daher auch ein neues Element in die christliche Ethik des Politischen aufnehmen: nämlich die aktive politische Tätigkeit und Verantwortung des Christen, die es im vordemokratischen Obrigkeitsstaate wohl für den Fürsten und seine Beamten oder Ratgeber, nicht aber für den Untertanen geben konnte. Die christliche Lehre von den Tugenden des Fürsten, des weise, gerecht und billig handelnden Regenten, muß demokratisiert werden zur politischen Tugendlehre für jeden Christen.

Besonders bedeutsam ist die Aufgabe, die entleerten Formen und Formeln der Freiheit und der Gleichheit mit sozialethischem Sinngehalt zu erfüllen:

Gleichheit ist als mitmenschliche Partnerschaft zwischen den Gliedern des Gemeinwesens und als ausgleichende Gerechtigkeit gegenüber der faktischen, sozialen und ökonomischen Ungleichheit zu proklamieren; *Freiheit* als Dienst, der die freie Person mit ihrem Mitmenschen verbindet, unter der Voraussetzung der sozialen und politischen Freiheit des Einzelnen von allen Verhältnissen der Entrechtung und Unterdrückung. Die religiöse Heiligsprechung der Ungleichheit ist ebenso zurückzuweisen wie die Utopie der abstrakt-egalitären Demokratie, in der es angeblich keinerlei Unterschiede mehr geben dürfe. Die Gleichheit der Kinder Gottes geht zwar in jeder — auch der hierarchischen Gesellschaft — quer durch alle Ungleichheiten hindurch, aber wir sollen die Gleichheit und Freiheit, zu der Gott uns beruft, auch in Gestalt der sozialen und politischen Gleichheit realisieren — und von der Freiheit gilt das gleiche —, damit Ungleichheit nicht Unterdrückung und lähmende Unveränderbarkeit der sozialen Position wird. Gleichheit als Partnerschaft macht die Ungleichheit der Gaben und der sozialen Positionen bzw. Ausgangsstandorte tragbar, verhindert aber deren absolute Fixierung und begrenzt ihre Ungerechtigkeit.

Die Beantwortung der Frage nach dem Verhältnis der Kirche zur Demokratie in dem oben angedeuteten Sinne hängt nicht ab von der Feststellung historischer Beziehungen zwischen Christentum und Demokratie. Zweifellos haben in England und den Vereinigten Staaten Puritanismus, Methodismus und verwandte Formen des protestantischen Christentums einen sehr starken Einfluß auf die Entstehung der Demokratie und die ersten Konzeptionen der Freiheit und Gleichheit ausgeübt; die Freiheit und Gleichheit des politischen Gemeinwesens wurde als Abbild oder Auswirkung der Freiheit der Kinder Gottes und der brüderlichen Verbundenheit in der Gemeinde Gottes verstanden. Freilich ist die Demokratie inzwischen längst zu einer säkularen, politischen Ordnung geworden. Als diese ist sie zu uns gekommen. Die kritische Annahme der Demokratie durch die Gemeinde Christi und die kritische Solidarität der weltlichen Christenheit mit allen Bürgern, die für die Demokratie mitverantwortlich sind, bezieht sich auf diese weltliche, politische Ordnung Demokratie. Die Kirche verpflichtet sich weder, die alte christliche Begründung der Demokratie aus dem 17. und 18. Jahrhundert zu übernehmen, noch die aufklärerisch rationale der französischen Revolution und ihrer Wegbereiter, mit ihrer optimistischen Überschätzung des Menschen und seiner politischen Vernunft. Aber gerade unter der Voraussetzung, daß das politische Gemeinwesen nicht das Reich Gottes auf Erden darstellen oder werden kann, und daß die Glieder des Staates sündige Menschen sind, ist die Kirche frei für eine kritische Solidarität mit der Demokratie, weil diese den Einzelnen als freie verantwortliche Person für das Gemeinwesen in Anspruch nimmt und als verantwortlichen Mitträger der Rechts-Gemeinschaft in diese einordnet. Eine Nivellierung der Ämter und Kompetenzen im Staate folgt für die christliche Auffassung der Demokratie hieraus nicht. Andererseits muß sie aber eine autoritäre Staatslehre zurückweisen, welche den qualitativen Unterschied von Herrschenden und Beherrschten statuiert. Der Anteil an der Machtausübung ist zwar abgestuft; dem leitenden Staatsmann kommt eine höhere Autorität zu als einem Ministerialbeamten oder Parteifunktionär. Jedoch greift durch alle Stufungen der Amtsgewalt hindurch die eine und gleiche ethische Verantwortung aller Glieder des Gemeinwesens für das Ganze und sein irdisches Wohl. Sie verbindet Staatsamt und Bürgerschaft.

In dieser Richtung ist die Kirche befugt und verpflichtet, an der Erziehung zur politischen Verantwortung, zur Demokratie mitzuwirken, und für Christen die politische Pflicht christlich zu begründen.

6. Christliche Politik?

Folgt aus dem Gesagten aber, daß es eine spezifische „christliche Politik" gibt? Christus und seine Gemeinde sind nicht Staatengründer und haben nicht die irdische Macht in die Welt gebracht, noch die verschiedenen geschichtlichen Formen der Machtausübung entwickelt. Politik ist ein Handeln mit weltlichen Kräften und Mitteln zum Zwecke der Gründung oder Erhaltung des Gemeinwesens, zur Aufrechterhaltung von Ordnung, Recht und Frieden, zur Abwehr innerer und äußerer Bedrohung des Staates oder eines übergreifenden Staatenbundes. Auch diese Zielsetzungen sind politisch weltlich und nicht christlich; sie gelten für Staaten mit nicht-christlicher Bevölkerung ebenso wie für Staaten mit christlicher oder religiös gemischter Bevölkerung. Diese „Weltlichkeit" des politischen Handelns ist ganz im Einklang mit der zuvor beschriebenen Dienstaufgabe des Staates. Sie gilt selbstverständlich auch für das politische Handeln von Christen. So hat als kritische Grenzbestimmung die These der „Zwei-Reiche-Lehre" Luthers nach wie vor Gültigkeit, daß mit dem Evangelium nicht die Staaten regiert werden, und daß die „geistlichen" Gaben und Mittel (Predigt, Austeilung der Sakramente, Seelsorge) die Gemeinde Christi erbauen, nicht aber politische Mittel zur Gestaltung des Gemeinwesens darstellen.

Doch diese Grenzziehung ist nicht die ganze Wahrheit (und sie war es auch in Luthers Lehre nicht).

Handeln Christen politisch, so erstens deswegen, weil sie die politische Gewalt im Dienste des Rechtes als eine Anordnung Gottes erkennen, die das irdische Wohl der menschlichen Gesellschaft befördert, ja dessen unerläßliche Voraussetzung ist.

Der Vollzug dieser Erkenntnis ist die praktische Einordnung der Christen in das politische Gemeinwesen, welche sie als einen Akt christlicher Demut und Liebe vollbringen. Der politische Dienst ist eine der weltlichen Formen der Liebe der Christen zu ihren Mitmenschen, so wie die Liebe überhaupt der weltlichen Mittel und der sozialen Beziehungen zwischen den Menschen zur Ausrichtung ihres Dienstes bedarf.

Dies alles genügt aber offenbar nicht, um den Begriff „christliche Politik" zu rechtfertigen, welcher stets das Mißverständnis hervorrufen wird, als gäbe es Mittel und Ziele der Politik, welche ausschließlich Christen handhaben bzw. aufstellen könnten.

Und doch haben wir von der Herrschaft Christi über die Gesellschaft gesprochen, die in deren Leben und Einrichtungen mit Wort und Tat verkündigt werden müßte (Kap. I, S. 36ff.). Liegt dann aber nicht ein unleidlicher Widerspruch zu der obigen Grenzziehung vor?

Wir erinnern zunächst daran, daß die Herrschaft Christi nicht in einer Verwandlung der Gesellschaft in die Kirche besteht, und daß der Dienst der Christen in der Gesellschaft sich in den guten Werken der Humanität realisieren muß. Dies gilt auch von dem politischen Handeln der christlichen Gemeinde an und in der Gesellschaft. Doch wirkt in diese guten Werke immer auch die *Freiheit* der Gemeinde von der Gesellschaft und ihren Institutionen hinein, die sie kritisch macht. Was bedeutet diese Freiheit als Kritik des politischen Handelns? Sie macht zunächst jede Vergötzung politischer Mächte, Staatsformen und Methoden unmöglich. Sie bewirkt die ständige, nie vollendete Entdämonisierung der Macht und ihre Begrenzung. Die christliche Freiheit gewinnt zudem Gestalt in Christen, die auf jeden Machtgebrauch *verzichten* und sich ganz dem Dienst macht-loser Liebe hingeben, zum Zeichen dafür, daß alle politische Macht endlich ist, und allein die All-macht Gottes ewig, diese All-macht sich aber im Reiche der ewigen Liebe vollendet. Das Zeugnis der machtlosen Diener Christi ist für die Gesundheit des politischen Wesens ebenso wichtig, wie das politische Handeln anderer Christen.

Doch auch diese letzteren machen von ihrer christlichen Freiheit Gebrauch. Diese führt zur Ernüchterung der politischen Leidenschaft, zur Selbstkritik in allem Gebrauch der Macht, zur Einsicht in die Vergänglichkeit aller politischen Leistung und Größe, vor allem aber zur Dienst-Bindung der Macht an Gerechtigkeit, Menschlichkeit und Frieden innerhalb des einzelnen Gemeinwesens und in dessen Verhältnis zu anderen Staaten und übernationalen, politischen Gefügen. Damit steht die Gemeinde Christi freilich in einem Kampfe mit den Verkehrungen des politischen Handelns, der solange währt wie diese Welt, einem Kampf mit zahllosen Niederlagen, der als hoffnungslos gelten müßte, wenn die christliche Gemeinde nicht von dem zukünftigen Siege der All-Herrschaft Gottes wüßte.

Das politische Handeln der Christen ist auf das Vernünftige nach dem Maßstabe des Gemein-Wohls der Gesellschaft gerichtet. Eine spezifisch christliche Innen- und Außenpolitik zu verfolgen, können sie dagegen nicht in Anspruch nehmen. Politisch handelnde Christen werden sich hüten, für die Praxis notwendige Teillösungen, Maßnahmen, Forderungen u. dgl. als christlich zu deklarieren. Wenn diese sachgemäß, durchführbar und gerecht sind, wenn sie dem Frieden des Gemeinwesens dienen, dann sind sie ausreichend legitimiert und bedürfen des Beiwortes „christlich" nicht.

Die andere Seite dieser von der Liebe gebotenen Sachlichkeit aber ist die Gegenwehr gegen jede Art von politischer Religion, ob in Gestalt des Nationalismus oder einer anderen, gegen jede politische System-Gläubigkeit, gegen jede Verherrlichung der Macht und gegen die zynische Rechtfertigung aller beliebigen Mittel zur „Manipulierung" des Menschen (Terror, Folter, Gehirnwäsche u. ä.).

Das Evangelium ist also keine politische Heilsbotschaft, und die Existenz der Kirche ist trans-politisch. Aber gerade deswegen betreffen und umfassen sie die ganze politische Existenz der Christen und dienen der Vernünftigkeit der politischen Vernunft aller, der Nichtchristen wie der Christen.

Davon, daß diese politische Vernunft automatisch vernünftig denke und arbeite, kann nämlich keine Rede sein. Sie ist offen für die verschiedensten Möglichkeiten der politischen Ideologie und der Verkehrung der Vernunft. Je rationaler die Ordnung von Staat und Gesellschaft, desto größer die Gefahr des Einbruchs der zerstörerischen Kräfte, des Aufstandes des Vitalen (Blut und Boden!), der nationalen und rassischen Leidenschaften. In dieser Lage der säkularen Gesellschaft wäre eine völlige Trennung von Politik und christlicher Ethik eine verhängnisvolle Entstellung der Lehre von den beiden Reichen (Christi und der Welt). Sie würde der Ideologisierung der Politik und der unbegrenzten Machtbildung Tor und Tür öffnen; sie müßte in die Lehre „Staat ist Macht, nichts als Macht", zurückfallen, und ihn von jeder Bindung an Recht und Gerechtigkeit lossprechen. Sie würde die Auflösung der Demokratie betreiben und faktisch der Diktatur oder dem totalen Staat in die Hände arbeiten, zumal heute ein technisches Instrumentarium zur Verfügung steht, das eine absolute und totale Machtausübung über den Menschen ermöglicht. Gegenüber dieser unerhörten Zusammenballung und Steigerung der Macht ist die politische Vernunft hilflos, wenn sie nicht getragen und gesteuert wird von Maßstäben und sozialethischen Bindekräften, über die sie selbst nicht verfügen, und die sie selbst nicht herstellen kann. Daher ist nichts gefährlicher und verderblicher als die Rede vom „unpolitischen Christentum"; denn sie arbeitet der Zerstörung des Gemeinwesens und der politischen Existenz des Menschen in die Hände, ganz zu schweigen davon, daß so christlicher Glaube und christliches Handeln zur Ohnmacht eines bloßen religiösen Gefühls degradiert werden, das mit der wirklichen Existenz von Mensch und Gesellschaft nichts zu schaffen hat.

Mit dem bloßen Appell an die christliche Verantwortung des Einzelnen ist freilich wenig geschehen. Denn erstens müssen ihm Wege zum Vollzuge der Verantwortung gewiesen und zweitens muß der Einzelne aus seiner Isolierung befreit werden. Das heißt, es muß politische Dienstgemeinschaften der weltlichen Christenheit geben. Diese müssen bereit und offen sein für den Dialog und die Zusammenarbeit mit *Nichtchristen,* und sie müssen die Grenzen der Parteien durchstoßen, da nicht *eine* Partei „das Christentum" oder einen besonderen Grad von Christlichkeit für sich in Anspruch nehmen darf. Drittens müssen sich diese Dienstgemeinschaften im „politischen Raum" besonders der Grundfragen der politischen Erziehung annehmen. Viertens haben sie sich dem Hauptproblem zuzuwenden, welche konkrete *Anwendung* und *Zuspitzung* der sozialethischen Normen der Gerechtigkeit, der Freiheit und des Friedens dem Gemeinwohl in einer bestimmten, geschichtlich-politischen Lage relativ am besten zu dienen vermöchte.

Dies alles ist nicht „christliche Politik", wohl aber der

politische Dienst der christlichen Gemeinde, in welchem sie bezeugt, daß auch das politische Handeln in der Welt stattfindet, die Gott gehört und nicht seinem Willen entnommen ist. Aber die politisch mitverantwortlichen Christen erklären nicht Maßnahmen der Politik (auf welchem Sachgebiet immer) für christlich, weil sie in der gegebenen Situation zweckdienlich sind, auch dann nicht, wenn die betreffenden Maßnahmen von Christen vorgeschlagen oder durchgesetzt werden.

Hier ist nun zu bedenken, daß auch Christen aus guten, sachlichen Gründen zu verschiedener, ja entgegengesetzter politischer Urteilsbildung gelangen können. Man kann daher nicht alle Christen auf *eine* Partei in der Demokratie festlegen, auch nicht auf eine, die sich christlich nennt, und man wird daher für Einrichtungen sorgen müssen, in denen Christen (einer Kirche oder auch mehrerer Kirchen) über ihre voneinander abweichenden, politischen Auffassungen sich aussprechen und zu verständigen versuchen. Dies ist besonders wichtig angesichts der traditionellen Zerfahrenheit des deutschen Protestantismus hinsichtlich seiner gesellschaftlichen und politischen Diakonie, und vorzüglich dann, wenn politische Hauptfragen zur Debatte stehen wie das Verhältnis von Staat und Kirche oder die Ausrichtung der Sozialpolitik und der Erziehungspolitik oder Fragen der übernationalen Rechts- und Friedensordnung u. ä. Christen sind einander gemeinsame Erwägung und, soweit irgend möglich, gemeinsames Handeln schuldig. Sie haben die Aufgabe, Brücken zwischen den Parteien zu schlagen und zu verhüten, daß politische Meinungen zu „Weltanschauungen" und Ideologien verhärtet werden, welche die Einheit des Gemeinwesens zerreißen und gesellschaftliche Gruppen mit Haß gegeneinander erfüllen. Erkennen Nichtchristen derartige Aufgaben an, um so besser; der politische Dienst der Christen ist offen zur Kooperation.

Die notwendige Verbindung der Christen untereinander ist aber von einer christlichen Blockbildung wohl zu unterscheiden, die andere ausschließt und dadurch den Glaubens-Gegensatz der Christen zu den Nichtchristen in einen politischen Gegensatz umsetzt; dies verdirbt ersteren dadurch, daß der christliche Glaube nun als politische Religion erscheint. Die Demokratie bedarf eines *verbindenden*, politischen Ethos. An seiner Bildung und Kräftigung hat die weltliche Christenheit mitzuwirken.

Wie steht es aber mit den *Grenzen* der politischen Tätigkeit der christlichen Gemeinde? Auch die weltliche Christenheit geht nicht in politischer Arbeit auf. Sie weiß um ihren Ursprung aus der im Gottesdienst sich erbauenden und sammelnden Gemeinde. Sie erhebt daher weder einen direkten noch einen indirekten, weltlich-politischen Herrschaftsanspruch für die Kirche. Das gängige Schlagwort aber, daß die Kirche „unpolitisch" oder „politisch neutral" sein müsse, ist unhaltbar, da es die zwei Grundformen des Kirche-Seins nicht unterscheidet und die Verantwortung der Kirche für die politische Existenz mißachtet. Auch die immer noch anzutreffende traditionelle, christliche Abneigung gegen die Parteien und die Mitarbeit der Christen in diesen muß überwunden werden. Als Formen und Träger der politischen Willensbildung sind sie notwendig. Eine Rückkehr zum „Stände"-Staat ist unmöglich. Das *Ein*parteien-System des Faschismus oder Kommunismus führt zu neuer Klassenherrschaft und unkontrollierbarer Machtausübung durch eine den Staat besitzende, absolute Partei, unter welcher Opposition und öffentliche Kritik erstickt werden. Die Mängel der Parteien-Demokratie sind leicht zu kritisieren und oft kritisiert worden, doch das Ende der Parteien ist heute auch das Ende der Demokratie, was die Entwicklung der sog. „Volks"-Demokratie unwiderleglich beweist. Schließlich ist es ein auffallender Widerspruch, daß die „Parteipolitik" von Christen als unmoralisch verurteilt wird, die doch gegen die energische Vertretung der *ökonomischen* Interessen ihrer eigenen gesellschaftlichen Gruppe durchaus keine moralischen Bedenken erheben. Es ist weder in dem einen noch in dem anderen Falle notwendig, daß Christen ihre kritische Distanz zu den sozialen oder politischen Verbänden, denen sie angehören, aufgeben und sich mit Verband oder Partei identifizieren. Eine *absolute*

Bindung der Christen, ja des Bürgers schlechthin, zu fordern, haben die Parteien und Verbände keine Legitimation.

Kapitel IV:

PROBLEME DER WIRTSCHAFTSETHIK

1. Unvereinbarkeit von Wirtschaft und Ethik?

Es muß auffallen, welche geringe Rolle das wirtschaftliche Handeln des Menschen bzw. ökonomische Vorgänge und Einrichtungen in der evangelischen Ethik spielen. Erst in letzter Zeit beginnt sich dies zu ändern. Der Gegensatz zu der intensiven Beschäftigung der evangelischen Ethik mit dem Staat und den Problemen des politischen Ethos ist offenkundig. Die Wirtschaft ist allerdings eine harte, handfeste Realität dieser Welt, und zu der „unteren" Sphäre der fundamentalen Befriedigung der menschlichen Urbedürfnisse (Nahrung, Kleidung, Einkommen zur Sicherung der leibhaften Existenz) stieg der Theologe ungern hinab, was z. T. auch durch seine einseitige Vorbildung verursacht war. Und doch liegt es auf der Hand, daß das Leben aller Menschen von der materiellen Befriedigung der Urbedürfnisse und der Knappheit der Mittel, die hierfür zur Verfügung stehen, auf das Stärkste beherrscht wird. Das gleiche gilt von der Art der Produktion, der Ordnung und den Methoden der ökonomischen Arbeit, die heute durch die technisch-wissenschaftliche Zivilisation bedingt und geprägt sind. Weil Wirtschaft und wirtschaftliches Handeln in der Tat die *fundierende* Sphäre der menschlichen Existenz ausmachen (und die Mehrzahl der Menschen sich in hauptsächlich dieser Sphäre bewegt), sollte nun aber eine Ethik und Sozialethik, die sich am Menschen orientiert, gerade seinen fundamentalen Bedürfnissen und der Art der Bedarfsdeckung ihre besondere Aufmerksamkeit zuwenden. Hier hat sie es mit dem wirklichen Menschen und seinem täglichen Kampf um die Sicherung der leibhaften Existenz zu tun (die mehr ist als nur eine „äußere", wie die idealistische Ethik meinte).

Der christliche Glaube spricht von dem Gebote Gottes, daß der Mensch mit seiner Hände Arbeit seine irdische Existenz erhalten solle und daß er die Mühsal dieser Arbeit zu tragen habe. Die Güter der Erde stehen zu seiner Verfügung; er ist nach Gottes Willen ihr Verwalter, aber die von Gott entfremdete Menschenwelt lebt nicht in paradiesischer Fülle und Freiheit, sondern muß in Arbeitsmühsal, bedrängt von Hunger und Mangel aller Art, um die Sicherung des leiblichen Daseins kämpfen. Daher ist die Leidenschaft zu begreifen, mit welcher der Mensch dem Arbeiten und Vorsorgen, dem Produzieren und Verbrauchen, dem Erwerben und Besitzen sich hingibt, ja glaubt, darin seine ganze Existenz und ihren Sinn erfahren und erfüllen zu können. Eine Sozialethik, die es nicht mit diesem arbeitenden, wirtschaftenden Menschen zu tun hat, ist dem wirklichen Menschen noch nicht nahe gekommen. Doch der Mensch soll sich gerade als wirtschaftender und als Schöpfer der ökonomischen Zusammenarbeit von Menschen in der Produktion, im Handel und im Verbrauch als Mensch wissen und bewähren und nicht zum Sklaven seiner Bedürfnisse und der Arbeit zu ihrer Befriedigung herabsinken. Der christliche Humanismus muß also einerseits die grundlegende Bedeutung der Wirtschaft anerkennen und den Menschen als Arbeiter, als Objekt und Subjekt materieller Produktionsverhältnisse verstehen, aber er wird andererseits die Wirtschaft als *komplexe* Größe ansehen, die keineswegs bloß aus sog. ökonomischen Vorgängen und Gesetzen sich ergibt, sondern von der ganzen menschlichen Existenz geprägt ist und auf einer Fülle von nicht-ökonomischen, z. B. sozialen und politischen Bedingungen und Voraussetzungen beruht. Die aus dem 19. Jahrhundert uns überlieferte Theorie der „Eigengesetzlichkeit" des Wirtschaftslebens ist, allein von hier aus gesehen, unhaltbar. Auch hat es selbst in der Blütezeit des wirtschaftlichen Liberalismus nie eine vollständige Freiheit oder Absolutheit des Wirtschaftens gegeben. Es besteht keine isolierte Dimension Wirtschaft, in der „rein ökonomisch“ gedacht und gehandelt würde; auch der Unternehmer und der Kaufmann, die ganz ihrer Sache hingegeben sind, bleiben von anderen Faktoren abhängig, die in ihrem eigenen Menschsein wirken. Hiermit ist nicht bestritten, daß die Wirtschaftswissenschaft rationaler Modelle bedarf, um das eigentümliche Ökonomische möglichst scharf zu erfassen, und daß sie Regeln des wirtschaftlichen Handelns suchen muß (die freilich nichts mit Naturgesetzen zu tun haben).

Ist aber nicht trotz des Gesagten, das auf ein Verstehen der Wirtschaft vom Ganzen des Menschseins her hinauslaufen würde, gerade die christliche Ethik denkbar ungeeignet, die wirtschaftlichen Prozesse in ihrer ganzen, mächtigen und den Menschen dahinnehmenden Realität zu erfassen? Gilt dies nicht auch dann, wenn sie sich von einer spiritualistischen Auffassung des Menschen reinigt, die ihn wesentlich als Geist oder Vernunft (ens rationale) oder als Seele begreift? Verkündet doch die christliche Botschaft die Erlösung von der Welt, die Befreiung des Menschen aus den Banden irdischer Güter und Mächte, stellt doch das Evangelium die Entscheidungsfrage, Gott *oder* dem Mammon (Besitz) zu dienen, nach der Herrschaft Gottes zu streben *oder* sich den irdischen Existenzsorgen zu überlassen, warnt es doch eindeutig vor den Gefahren, die Besitz und Reichtum für den Menschen mit sich bringen (vgl. Matth. 6, 19 ff.; Luc. 6, 24—25; Jacob. 5, 1 ff.). Ist das nicht die Forderung asketischer *Enthaltung* von allem Vorsorgen und Rechnen, ohne das der Mensch nicht wirtschaften kann, und die prinzipielle Verachtung des Erwerbens und Besitzens irdischer Güter?

Freilich muß uns die andere Tatsache stutzig machen, daß Paulus die Christen zu Thessalonich zur Arbeit anhält und sie davor warnt, anderen zur Last zu fallen; er erneuert bewußt das alttestamentliche Gebot der existenzerhaltenden Arbeit auf dem Boden der christlichen Gemeinde (2. Thess. 3, 6 ff. vgl. 1. Thess. 4, 11), also doch für die von der Welt Erlösten, die aber der Welt nicht entnommen sind, und deren irdische Existenz in wirtschaftlicher Arbeit durch Gottes Willen angeordnet bleibt und geheiligt ist. Eine *absolute* Hingabe an Arbeit und Besitz, die die irdischen Güter zu falschen Göttern macht, gibt es allerdings für Christen nicht mehr. Die Wirtschaft ist eine begrenzte, relative, weltliche Sphäre, in der wir Gott und dem Nächsten zu dienen haben, von der Herrschaft des Mammons und der Besitzgier aber befreit sind. Von dieser Haltung aus konnte sich nun die schon in der Urkirche aufweisbare „innerweltliche" Askese entwickeln, welche die Erwerbsarbeit als Feld der Bewährung des Glaubens und der Liebe und damit als hervorragendes Mittel der christlichen Selbstzucht, der Einübung des Glaubensgehorsams am weltlichen Standort des Menschen begriff. Hier konnte dann später die lutherische „Berufs"-Ethik und die puritanische Ethik rationaler, kontrollierter Wirtschaftsführung als Form des Gottesdienstes und der christlichen Bewährung anknüpfen, die beide so tief auf das wirtschaftliche Verhalten vieler Generationen und ganzer Völker eingewirkt haben.

So ist paradoxerweise festzustellen, daß gerade die christliche Freiheit von den Gütern der Erde positiv die Ethik des Wirtschaftens formt und begründet, indem sie die leibhafte Bedürftigkeit des endlichen Menschen anerkennt und ihre Befriedigung als den Willen Gottes für diese *irdische* Existenz des Menschen versteht. Der wirtschaftende Mensch steht unter dem Gebot und der Gnade so gut wie der Mensch als soziales Wesen oder als politische Existenz. Mag eine idealistische Ethik unvereinbar sein mit der Mühsal und der Last der Ökonomie, von der christlichen Ethik und ihrem Realismus gilt dies nicht; denn gerade die Seinsbestimmtheit des wirklichen Menschen (und nicht eines Idealmenschen) hat sie im Auge, so gewiß sie ja überhaupt mit der gebrochenen Existenz des endlichen Menschen befaßt ist. Vom Menschen als endlicher Freiheit aus begreift sie die Notwendigkeit der Wirtschaft; von hier aus erhellt sich ihr die eigentümliche Rationalität des wirtschaftlichen Handelns und der Institutionen der Wirtschaft, z. B. des Produktionsbetriebes, der Geldrechnung u. a.

Freilich dürfen wir eine Reihe von Tatsachen nicht übersehen, die der christlichen Wirtschaftsethik seit 100 Jahren große Schwierigkeiten bereitet haben:

1. Der Einfluß einer idealistischen Geist-Lehre auf das christliche Verständnis vom Menschen;

2. ein Begriff von Religion und Christentum, der zur Privatisierung und abstrakten Innerlichkeit des Glaubens führte;

3. die ungeheure Ausdehnung und Entfaltung der industriellen Wirtschaft und Gesellschaft, die mit ihren neuen Produktions- und Arbeitsformen ein schweres Dilemma für die Kirche und die christliche Ethik schuf, weil deren ethische Begriffe ja in der *vor*-industriellen Gesellschaft geformt worden sind;

4. der faktische „Ökonomismus", der die wirtschaftlichen Werte und Handlungsweisen, z. B. das Gewinnstreben, ins Absolute erhob, als ob der Mensch nur die eine Weise ökonomischer Existenz hätte, sowohl auf der Seite der Unternehmer und Kaufleute als auch auf der Seite der Arbeiterschaft;

5. die hiermit verbundene Unterwerfung des Menschen unter die Herrschaft des Geldes, das alle Güter und Leistungen berechenbar und käuflich macht, mit dem man sogar Menschen und politische Macht kaufen kann.

Diese Triebkräfte und Mächte schienen die Wirtschaft als eine a-ethische oder anti-ethische Realität für immer von der christlichen Ethik zu trennen. Aber es ist doch ebensowenig zu verkennen, daß in derselben modernen Industriegesellschaft eine gerade von ethischen, humanistischen Motiven gespeiste *Wirtschafts-* und *Sozialkritik* entstanden ist: bei den Christlich-Sozialen und den „Kathedersozialisten" des 19. Jahrhunderts und vor allem im genuinen Marxismus, — sie alle wenden sich gegen die Absolutsetzung des grenzenlosen Profitstrebens, gegen die unwürdige Abhängigkeit des Lohnarbeiters, gegen die Zerstörung der sozialen Ordnung durch den „Laissez-faire-Kapitalismus", gegen den Trugschluß, daß die neue, industrielle Produktionsweise und Unternehmerwirtschaft dem „natürlichen

Gesetz" entspreche, das aller Ökonomie zugrunde liege, und sie daher automatisch zur Wohlfahrt aller und zur Harmonie aller Interessen führen müsse. — So hat die moderne Wirtschaftsgesellschaft selbst neue, sozialethische Forderungen und Begriffe hervorgebracht (nicht ohne Zusammenhang mit der christlichen Tradition), an welche die christliche Wirtschaftsethik auch heute noch anknüpfen kann. Sie muß sich hierbei allerdings klarmachen, daß die alten Alternativen des 19. Jahrhunderts, wie Liberalismus oder Sozialismus, Profitstreben oder Bedarfsdeckungs-Wirtschaft, freie oder staatlich regulierte Wirtschaft durch die Entwicklung von Wirtschaft und Gesellschaft im 20. Jahrhundert überholt worden sind: Die Ausbildung des Sozialstaates, des Arbeitsrechtes, neuer Methoden staatlicher Wirtschaftspolitik, z. B. der Bekämpfung und Milderung der wirtschaftlichen Krisen und der mit diesen verbundenen Arbeitslosigkeit haben eine neue Tatsachenbasis für die Wirtschaftsethik geschaffen und eine Neuformung der Wirtschaftskritik des Sozialismus oder der Christlich-Sozialen nötig gemacht. So ergibt sich, daß heute eine Fülle neuer Probleme und Aufgaben für die Wirtschaftsethik vor uns steht. Die folgenden Abschnitte erläutern das Vorstehende an einigen Hauptfragen, die heute viel erörtert werden.

2. *Arbeit — nicht Beruf*

Diese Überschrift deutet an, daß in der modernen Wirtschaftsgesellschaft der Begriff „Arbeit" bezeichnenderweise an die Stelle des Begriffes „Beruf" (im Sinne der lutherischen Ethik) getreten ist, wenn auch der Begriff Beruf in völlig säkularisierter Fassung, z. B. in Zusammensetzungen wie „Berufsberatung, Berufsstatistik" u. ä. noch vorkommt, nämlich zur Bezeichnung einer Art von Beschäftigung oder gesellschaftlicher Rolle. Mit der industriellen Gesellschaft und ihren „Arbeitern" tritt, wie schon Marx zeigt, der Begriff Arbeit seinen Siegeszug an. Die von Luther geprägte Einheit der „geistlichen" Berufung durch das Evangelium mit der Berufung in den weltlichen, gesellschaftlichen Standort des Menschen, wo seine irdische Arbeit geschieht (vocatio spiritualis — vocatio externa) ist jetzt zerrissen. Auch der idealistische Begriff des „inneren" Berufes ist auf die Massen-Arbeit der industriellen Gesellschaft nicht anwendbar, ohne zur reinen Illusion abzusinken. Es ensteht die Frage, ob die Arbeit in der industriellen Gesellschaft überhaupt noch mit dem lutherischen Berufsbegriff erfaßt werden kann, sofern dieser nämlich die glaubende Person mit ihrem Weltstandort und der dort zu leistenden Arbeit so verklammert hatte, daß auch diese letzteren als Berufung durch Gott begriffen wurden. Dies machte es möglich, Mühsal, Last und Beschränktheit des Berufs als Kreuz willig zu tragen. Die gläubige Annahme des „äußeren" Berufes fällt aber in der säkularen Arbeitsgesellschaft dahin, wodurch zugleich die Verbindung der Person mit ihrem irdischen Werk gelöst wird. Es bleibt nur das nackte, gesellschaftlich-ökonomische Faktum der Arbeit übrig, die sich in neuartigen, technisch-rationalen Formen organisiert. Die Kombination Mensch-Maschine setzt sich durch. Die Arbeit wird immer schärfer differenziert, rational in Teilvollzüge zerlegt und auch zeitlich der rationalen Berechnung bis ins Kleinste unterworfen. Großproduktionsstätten fassen Tausende von Arbeitern zusammen, deren Arbeitsleistung vorgeplant und berechnet ist. Wohnraum und Arbeitsraum sind getrennt. Die Arbeit gehört in den „Betrieb". Der Arbeiter ohne Kapital und Grundbesitz ist abhängiger Lohnarbeiter, der lediglich seine Arbeitskraft wirtschaftlich verwerten kann.

Die romantisch-konservative Sozialkritik charakterisiert diese Phänomene als „Entseelung" oder „Entpersönlichung" der Arbeit. Andere beschrieben die Entfremdung des Menschen von der Arbeit als deren „Sinnentleerung". Diese Kritik setzt voraus, daß alle Arbeit „beseelt" oder „sinnerfüllt" sein müsse. Das ist aber eine idealistische Erwartung, die von vornherein abgewiesen werden muß. Der Realismus des lutherischen Berufsbegriffes ist übrigens von diesem Idealismus völlig frei.

Wieder andere reagierten mit der Verherrlichung der

modernen Arbeit und ihrer Produktivität und erhoben die Arbeit zum höchsten Wert des Lebens, zur weltbildenden Macht schlechthin. Der Arbeiter Mensch ist der Schöpfer seiner selbst und der gesellschaftlichen Welt. Durch seine Arbeit erschafft der Mensch über die Natur hinaus, die er in seinen Dienst zwingt, die neue, zweite Welt seiner technischen und sozialen Gebilde. Im Marxismus wird dies Schöpfertum des arbeitenden Menschen in Gegensatz zu derjenigen Entfremdung gebracht, die den Arbeiter in der kapitalistisch-bürgerlichen Klassengesellschaft erniedrigt. Aber der Proletarier wird sich selbst aus diesem Widerstreit zwischen Wesen und Existenz des Menschen befreien.

Die christliche Ethik der Arbeit kann nun weder von der Tatsache ausgehen, daß die Menschen um ihren „Beruf" in der Arbeit wüßten, noch kann sie das Verhältnis des Menschen zur Arbeit so wie Luther sehen, der ja den Bauer, den Handwerker und den Kaufmann der vortechnischen Gesellschaft vor Augen hatte, samt der direkten Zuordnung von Knecht und Geselle zum Bauern oder Handwerksmeister. Der „Chef", das „Management" und die rationale Betriebsordnung sind heute die Bezugsgrößen für die Sozialethik. Es ist von der Tatsache auszugehen, daß Millionen von Menschen eine begrenzte, mechanisierte Teilarbeit leisten, deren Endprodukt weit von ihnen entfernt ist, und deren gesellschaftlicher Zweck oft nur durch rationale Überlegungen bewußt gemacht werden kann, da er dem Arbeitsakt selbst nicht immanent ist. Millionen tun solche Arbeit genau und korrekt, obwohl sie als Person nur partiell am Arbeitsvorgang beteiligt sind, nämlich durch die Leistung und die Ausführung ihrer rationellen Funktion.

Auf dem Grunde dieser Arbeit und eines riesenhaften Systems ineinander greifender Arbeitsvollzüge lebt heute die Gesellschaft. Diese Arbeit als „entseelt" oder „sinnleer" zu diskriminieren, ist für die Sozialethik ebenso illegitim wie undurchführbar. Der Dienst der christlichen Gemeinde muß auf die heutige Arbeit in ihrer Wirklichkeit gerichtet sein und darf nicht Rückwärts-Illusionen nachjagen.

Allerdings muß die christliche Sozialethik nach wie vor die Arbeit auf dem sozialen Standort oder der Position des Einzelnen (Hilfsarbeiter, Facharbeiter, Werkmeister usf.) in der heutigen Industriegesellschaft vom Evangelium aus als weltliches Werk des Menschen, in seiner Endlichkeit und Mühsal wie in seinem Segen, verständlich machen. An eine „sinnvolle" Gliederung der Gesellschaft in „Berufe", die man wählt und liebt, ist diese Aufgabe der Sozialethik durchaus nicht gebunden. Sie hat es allein mit der vorfindlichen Arbeitsstruktur zu tun.

Sie wird dabei aber sowohl der modernen Arbeits-Verherrlichung (als Schöpfertum) wie derjenigen Entwertung der Arbeit widerstehen müssen, welche die Arbeit lediglich nach dem *Geld*-Ertrage mißt, der dem Einzelnen zufällt. Diese Entwertung zerschneidet allerdings das letzte Band zwischen dem Menschen und seiner Arbeit, indem sie die letztere zum in sich gleichgültigen Mittel zur Erreichung der privaten Existenzsicherung und des Wohlstandes herabsetzt. Aber diese heutige Arbeits-Entwertung ist doch die konsequente Antwort auf jene „Religion der Arbeit", die sie zum Ursprunge aller Güter und sogar des Menschseins erhob und von ihr das Paradies auf Erden erhoffte. Zwischen diesen Extremen führt die christliche Arbeitsethik hindurch.

Sie geht von der Voraussetzung aus, daß der Mensch nicht bloß zur Arbeit geschaffen sei, sondern zum Dienste Gottes in wie außerhalb der Arbeit. Sie ordnet das *Freisein* von der Arbeit als notwendigen Gegenpol der Arbeit zu. Die Gemeinde Christi proklamiert für alle, auch die Nichtchristen, daß der Mensch nicht der Sklave seiner irdischen Arbeit ist, sondern der Ruhe bedarf, der Sammlung und der Zeit zum Gottesdienst. In der Gesellschaft, die den Menschen auf den Leistungsträger und den Arbeiter, oben wie unten, reduziert, bezeugt die christliche Gemeinde das Gottes-Recht des Menschen, frei *von* der Arbeit zu sein, um frei *in* der Arbeit sein zu können. Dem — von uns nicht bestritten — Recht auf Arbeit und dem Gebot, zu arbeiten, muß das Recht auf Freisein von der Arbeit gegenübergestellt werden. Damit ist nicht die Utopie einer Gesellschaft gemeint, in der nicht mehr gearbeitet, sondern nur noch verzehrt und genossen wird, sondern das Recht auf Freizeit zum Gottes- und Nächstendienst, zum Leben in der Familie, zur personalen, freien Tätigkeit als sittlich notwendiger Ergänzung zur partiellen, vorgeplanten und zugewiesenen Arbeit. Die Bedeutung der Freizeit kann also keineswegs nur darin liegen, daß der arbeitende Mensch der ständigen Wiederherstellung seiner Kräfte bedarf. Daher kann auch der Sinn des Daseins weder in der Arbeit als solcher noch in Freizeit als dem bloßen Freisein von Arbeit gesehen werden. Weder die Arbeitsgesellschaft noch die Freizeitgesellschaft als solche schafft eine menschenwürdige Existenz, sondern die Freiheit für Gott und den Nächsten, die uns für Andere zu arbeiten und freie Zeit zu haben gebietet.

Hierin ist eingeschlossen, daß wir *verdienen* müssen, um die eigene und die Existenz von Mitmenschen zu sichern. Geld verdienen ist nicht unmoralisch in einer Gesellschaft, deren Wirtschaft ganz auf das Geld als Recheneinheit und Zahlmittel gestellt ist. Wir arbeiten um des Erwerbes oder Verdienstes willen, und doch ist dieser wiederum nur *Mittel* zur Erhaltung des Daseins und nicht Selbstzweck oder höchstes Gut. Wo alle Tätigkeit nur auf das „Geldmachen" abzielt, ist eine neue Entfremdung und Entstellung des Menschen eingetreten, und diese ist eine schwere Gefährdung der sog. Wohlstands-Gesellschaft. Hier kehrt in der Tat der „Mammonismus", d. h. die Herrschaft des Geldes über den Menschen, der sich ihr preisgibt, zurück, aber weder als Unternehmer-Sünde dessen, der nur Profit sehen will, noch als Sünde des Arbeiters, der hohen Lohn haben will, sondern als Massen-Sünde einer ganzen Gesellschaft, welche die Vergänglichkeit der irdischen Güter vergißt oder in ihrer untergründigen Katastrophen-Angst im Genuß des Gewonnenen Betäubung sucht: „Lasset uns essen und trinken, denn morgen sind wir tot" (1. Kor. 15, 32).

Wenn wir dem Gelde nicht einen falschen Rang verleihen, so ist es sachliches Produktionsmittel wie andere auch, und Recheneinheit, welche die Entlohnung geleisteter

Arbeit möglich macht. Wenn irgendwo, so gilt freilich hier der Satz Sören Kierkegaards, daß der Mensch sich nicht zum Relativen absolut verhalten solle.—

Wir werden also von Arbeit und sozialer Position sprechen und den heute entleerten Begriff des Berufes vermeiden, um nicht einer wirklichkeitsfremden Illusion zu verfallen. Arbeit und Position sind weltlicher Ort und weltliches Tun, an und in welchem Glauben und Liebe sich zu bewähren haben. Dies geschieht einerseits im Tragen der Last der Arbeit, andererseits aber auch im Widerstande gegen jede Entmenschlichung der Arbeit. Die außerordentliche Anspannung des Menschen, die rationalisierte Arbeit, die ihn nur partiell-funktional beteiligt, bedarf der menschlich-sozialen Gegenkräfte, der Humanisierung. Die rationalfunktionale Einheit des Betriebes mit seiner präzisen Organisation ist unaufhebbar, wenn wir die Massen durch Massenproduktion mit den notwendigen Gütern versehen wollen. Aber der Produktionsbetrieb ist auch ein soziales Gefüge und bedarf als solches der Kräfte der Partnerschaft der Mitarbeiter, von oben nach unten und von unten nach oben, welche die rationale Hierarchie durchwirken müssen. Ein Betrieb ist keine Familie und erst recht kein Wohlfahrtsverein, aber er ist andererseits auch kein autoritärer Staat oder eine Diktatur. Oben und unten, Management und Arbeiterschaft in ihrer hierarchischen Abstufung bedürfen des Gegengewichtes der Partnerschaft, der sozialen Humanität, die an Stelle des Betriebsuntertanen den Mit-Arbeiter setzt und im Untergebenen den Mitmenschen achtet. Leicht gesagt — schwer getan. Aber wenn wir die Legitimität straffer Leitung des Betriebes und ihrer Anweisungsbefugnisse anerkennen, so ist um so wichtiger die auch im Betriebe zu respektierende Erkenntnis, daß der Arbeitnehmer freies Mit-Glied und verantwortlicher Mitträger unserer Gesellschaft ist wie jeder andere. Der Betriebs-Patriarchalismus gehört der Vergangenheit an. Jede Art der betrieblichen Sozialleistung, die Fürsorge für die Gesundheit oder andere betriebliche Einrichtungen im Dienste der Betriebsangehörigen setzen die Freiheit und die durch das Sozial- und Arbeitsrecht geschützte Rechtsstellung des Arbeitnehmers immer schon voraus.

In allen diesen Fragen redet die christliche Ethik der Wirtschaft nicht nur die Glieder der Gemeinde, sondern *alle* arbeitenden Glieder der Gesellschaft an. Denn die sozialkritische und sozialethische Verantwortung ist allen gemeinsam.

3. Das Eigentum und seine Formen

Marx sah im Privateigentum an den Produktionsmitteln den Sündenfall der Gesellschaft, in seiner Aufhebung das entscheidende Mittel zur Wiederherstellung der Freiheit und Würde des arbeitenden Menschen. Andere verteidigten dasselbe Privateigentum als heiligstes der Menschen- und Bürgerrechte. Beide Positionen sind für die christliche Sozialethik unhaltbar. Das Eigentum und seine Ordnung können heute nicht mehr als das eine Schlüsselproblem für alle Fragen der Wirtschaftsverfassung gelten, — so wichtig es bleibt, wie die neueste Diskussion um die Eigentumsbildung in der Bundesrepublik gezeigt hat.

Der Versuch der Christlich-Sozialen des 19. Jahrhunderts, sowohl über die liberal-individualistische als auch über die marxistische Auffassung hinaus zu gelangen, war sachlich berechtigt, doch zeigten sie Vorliebe für das kleine und mittlere Eigentum an Produktionsmitteln und erkannten noch nicht die Bedeutung des Groß-Eigentums für die Entfaltung der modernen Wirtschaft, die doch ohne dasselbe undenkbar gewesen wäre. Sie nahmen ferner die alte christliche Tradition auf, nach welcher persönliches Eigentum Bedingung und Bollwerk der Freiheit der Person ist, zugleich aber mit der Dienstpflicht belegt wird, die von uns fordert, unser Eigentum in den Dienst des Mitmenschen zu stellen. Endlich betonten sie die Wächterpflicht des Staates gegenüber Wirtschaft und Gesellschaft, der Rechte und Pflichten des Eigentümers bemißt und krasse Gegensätze von Reichtum und Armut auszugleichen hat. Hiervon abgesehen, beschränkte man sich auf eine Lehre vom rechten Gebrauch des Eigentums durch die christliche Person.

Heute dagegen sieht sich die christliche Sozialethik durch folgende Tatsachen vor schwierige Aufgaben gestellt:

a) Durch die Bildung von nur noch z. T. person-gebundenem *Groß*eigentum an Produktionsmitteln und durch die Entstehung von Großunternehmungen;
b) durch die Tatsache einer Gesellschaft von Eigentumslosen, die vom Arbeitseinkommen leben müssen (dies gilt von dem weit überwiegenden Großteil der arbeitenden Bevölkerung);
c) durch die Entwicklung des Sozialstaates (s. u. S. 110 ff.), der die Gefahren der Daseinsunsicherheit und Eigentumslosigkeit auffangen soll;
d) durch die weitgehende Ablösung der Verfügungsgewalt über das Eigentum von den Besitzern desselben;
e) durch die Einschränkung der Rechte des einzelnen Eigentümers von seiten der Gesetzgebung;
f) durch die wachsende Möglichkeit für alle Glieder der Gesellschaft, sich Gebrauchs-Eigentum (z. B. ein Eigenheim) zu verschaffen.

Es ergibt sich hieraus, daß sich das Verhältnis des Einzelnen zum Eigentum durch diese Daten verändert hat. Die Form des *person*-gebundenen Eigentums an den Produktionsmitteln beherrscht nicht mehr die ganze Gesellschaft, und die Gefährdung des Einzelnen durch die Eigentumslosigkeit ist abgeschwächt worden.

Vor allem muß die Sozialethik *mehrere Grundformen* des Eigentums unterscheiden, weil andernfalls die Frage der gesellschaftlichen Ordnung des Eigentums nicht klar gestellt werden kann, und zwar mindestens die folgenden:

1. Persongebundenes Gebrauchs- und Verbrauchs-Eigentum (z. B. Hausrat, Eigenheim);
2. persongebundenes Eigentum an Produktionsmitteln in kleinen und mittleren Größen;
3. nicht persongebundenes Klein-Eigentum an Produktionsmitteln;
4. *Groß*eigentum an solchen, und zwar
   a) persongebundenes
   b) *nicht* persongebundenes;

5. *öffentliches* Eigentum des Staates, der Gemeinden, der Kirchen und anderer öffentlicher Korporationen und Einrichtungen.

Man wird sagen dürfen, daß einer hochdifferenzierten Gesellschaft und Wirtschaft auch die *Vielfalt* der Eigentumsformen angemessen ist. Die sozialethische Bedeutung dieser Vielförmigkeit ist darin zu sehen, daß sie die Alleinherrschaft *einer* Form von Eigentum verhindert, welche zum Übergewicht einer Gruppe von Besitzern oder Managern mit Verfügungsgewalt führen müßte. Daraus folgt freilich, daß die christliche Sozialethik nicht mehr wie früher die persongebundene Form des Eigentums an Produktionsmitteln für die einzig berechtigte erklären kann, sondern auch Formen des *Gemein*-Eigentums für legitim erklären muß, das Gruppen oder Verbänden in der Gesellschaft oder dem Staate gehört. Diese sind aber von der Totalsozialisierung der Produktionsmittel oder der Alleinherrschaft des Kollektivbesitzes zu unterscheiden, der ja gerade die Vielfalt der Eigentumsformen zerstört. Auch sollte das persongebundene Gebrauchs- und Produktionsmitteleigentum nicht verdrängt werden.

Ein besonderes, noch ungelöstes Problem ist das *Mit*eigentum der Arbeitnehmer an wirtschaftlichen Unternehmungen. In einer Gesellschaft, die überwiegend aus Unselbständigen und Eigentumslosen besteht, ist die Forderung des Miteigentums berechtigt, wenn nicht andere, durchgreifende Maßnahmen zur Eigentumsbildung verwirklicht werden können. Die einheitliche und verantwortliche Leitung der Betriebe muß jedoch gesichert bleiben. Der Bildung neuer Eigentumsformen darf jedenfalls die christliche Sozialethik nicht den Weg verlegen, unter der Bedingung, daß die Freiheit der Person gewahrt wird und das Gemein-Eigentum nicht zu neuen Formen sozialer Unterdrückung führt. Der altliberale Begriff des „Privat"-Eigentums ist weder christlich, noch wird er der faktischen Vielfalt des Eigentums und den Erfordernissen der heutigen Gesellschaft gerecht, da er für eine übersehbare Schicht von besitzenden Bürgern gebildet worden ist, welche im Gemeinwesen die soziale und politische Vormacht ausüben.

Auch hinsichtlich der Eigentums-Ordnung ist die Vorstellung der egalitären Gesellschaft zurückzuweisen. Ungleichheiten in Besitz und Einkommen sind nie völlig aus der Welt zu schaffen, ja sogar bis zu einem gewissen Grade für die Wirtschaft nützlich und nötig, wie alle Verschiedenheit der Gaben, Bedürfnisse und Leistungen. Doch muß die Eigentumspolitik verhindern, daß ein neuer Klassengegensatz von Eigentumslosen und Eigentümern entstehe. *Relative, ausgleichende Gerechtigkeit* ist möglich, die z. T. durch Eigentums-*Neubildung* wirksam werden kann, über deren technische und rechtliche Formen und Wege nicht die Sozialethik, sondern die Wirtschaftswissenschaftler, Juristen und Wirtschaftspolitiker zu befinden haben, sofern sie der ethischen Grundforderung zustimmen. Breite Eigentumsbildung kann als „soziale Friedensmacht" wirken (O. v. Nell-Breuning).

Soziologie und Sozialkritik haben erkannt, daß das *Groß*eigentum an Produktionsmitteln soziale und politische *Macht* schafft und ausübt. Damit ist die sozialethische Aufgabe der Begrenzung und Kontrolle des machtbildenden Eigentums gestellt. Der moralische Appell an die Besitzer und Inhaber der Verfügungsgewalt hat noch nie ausgereicht und reicht vollends nicht aus in einer Gesellschaft, in der der christliche Gebrauch des Eigentums weithin unbekannt ist oder als Behinderung der Ausübung wirtschaftlicher Macht gilt. Es sind daher rechtliche und gesetzliche Formen der Begrenzung notwendig. Diese haben jedoch mit „Kollektivismus" — als solcher wird die soeben aufgestellte Forderung häufig kritisiert — deswegen nichts zu tun, da sie sowohl die Notwendigkeit von Großeigentum einerseits als auch andererseits die politische und soziale Freiheit derer *voraussetzen*, die kein Eigentum an Produktionsmitteln besitzen. Unsere Forderung entspricht daher dem Prinzip einer verantwortlichen Gesellschaft oder einer sozialen Demokratie, welcher sich auch das Großeigentum in allen seinen Formen einzuordnen hat.

Die christliche Gemeinde aber wird in ihrer Mitte auch Christen haben, welche die Freiheit von der Welt durch Armut und Eigentums-*Verzicht* realisieren. Ohne solche armen Zeugen der Freiheit Christi geriete die christliche Gemeinde allzu leicht in die unkritische Hinnahme des Strebens nach den Gütern der Welt und damit in ein bürgerliches Kompromiß-Christentum hinein, das sich mit der bloßen „inneren" Freiheit beruhigt. Auf der anderen Seite aber muß die Kirche eine ausgleichende Ordnung des Eigentums fordern, in der alle Gruppen der Gesellschaft in relativer Gerechtigkeit an den Gütern der Erde, an dem Erwerb der Wirtschaft teilhaben und durch die Vielfalt der Eigentumsformen einander dienen.

4. Ethik des Verbrauchens?

Die Wirtschaftsgesellschaft besteht nicht nur aus Unternehmern und Arbeitern, welche gemeinsam Produkte hervorbringen, sondern vor allem auch aus Verbrauchern; alle Glieder der Wirtschaftsgesellschaft sind Verbraucher, neben ihren sonstigen Funktionen. Die Steigerung der Produktion durch die künstliche Hervorbringung immer neuer Bedürfnisse und deren Befriedigung, das allgemeine Streben nach höherem Wohlstand, verbunden mit dem sozialen Geltungsverlangen, das sich durch Anschaffungen und Prestige-Käufe bestätigt, die Macht der schnell wechselnden Moden, welche bestimmt, was man haben und tragen muß, — diese und andere Gründe haben in der modernen, dynamischen Wirtschaftsgesellschaft fast jeden Rest eines Ethos des Verbrauches zerstört. Er findet seine Grenze nur am Einkommen, nicht durch Sitte und Lebensstil. Die alten Stände und Standeslehren, welche festlegten, was sich ziemte und nicht ziemte, die obrigkeitlichen Bestimmungen gegen Luxus und Verschwendung, die zugleich den erlaubten Aufwand bei Festlichkeiten umschrieben, sind längst dahingesunken. Heute scheint zu gelten: Alles steht allen zu, — sofern sie Geld haben.

Von hier aus gesehen, wird die Bedeutung der schon

von älteren Christlich-Sozialen geforderten „Wirtschaftsgesinnung“ und des Verbraucher-Ethos ersichtlich. So notwendig sie sind, weil es ohne sie weder einen „Stil“ des wirtschaftlichen Verhaltens noch eine Begrenzung der Herrschaft des Geldes geben kann, so schwierig sind schon die bescheidensten Anfänge der Verwirklichung. Droht auf der einen Seite die Maßlosigkeit und der Aberglaube an immer neue Bedürfnisse in der Abhängigkeit von der psychologisch unterbauten Massen-Reklame, so auf der anderen Seite ein moralischer Rigorismus, der Sparsamkeit, Einfachheit und Beschränkung verlangt und jede Sonderausgabe als Verschwendung verdächtigt. Solcher Rigorismus zeigt sich freilich nur noch in empörten Reaktionen einiger Christen, die gegen den fortreißenden Strom des grenzenlosen Verbrauchens anschwimmen und die Lähmung des Gewissens beklagen.

Nun dürfte eine quantitativ-materielle Begrenzung des Verbrauchs ganz unmöglich sein, zumal angesichts der Einkommenverschiedenheiten, abgesehen von Gesellschaften mit einfacher Agrarstruktur, in denen sich eine Begrenzung schon aus der Wirtschaftsweise ergibt. Gerade dies aber ist in einer Wirtschaft nicht der Fall, welche Produktion und Bedürfnisse ständig steigert. Also scheint nur der Weg über eine Erziehung zum vernünftigen Verbrauch möglich zu sein, wobei die Liebe der Vernunft im Geld-Ausgeben freilich den *Mitmenschen* vors Auge stellen muß, der unserer Hilfe, u. U. unseres Opfers (in Gestalt des Verzichtes auf Bedürfniserfüllung) bedarf. Die Mahnung, Almosen zu geben, den Armen an unserem Erwerb teilhaben zu lassen, die im Alten und Neuen Testament oft wiederkehrt, hat wahrlich ihren guten Grund und ihre Gültigkeit bis auf diesen Tag — auch in der Wohlstandsgesellschaft (Brot für die Welt). Aber noch wichtiger ist in unserer Wirtschaft die *verantwortliche Verwendung der zur Verfügung stehenden Mittel.* Dies gilt für den einzelnen, den Familienhaushalt wie für die Verbände und den Staat. Nicht das Gesetz, nur die *Sitte* kann diese Verwendung regeln. Jetzt rächt sich die Verachtung der sozialethischen Konventionen durch eine sich radikal gebärdende, protestantische Ethik. Das Ama et fac, quod vis (liebe und tu dann, was du willst) Augustins mag auf die Charismatiker der Liebe zutreffen, für die Gemeinde im Ganzen ist das ein fragwürdiger Rat, auf den sich die Weisungen der Apostel glücklicherweise nicht beschränkt haben. Eine den Verbrauch ordnende und lenkende Sitte gibt es selbst in der heutigen Kirche nur noch in Überresten. Das alte, bürgerlich-christliche Ethos des Kaufens und Verbrauchens hat sich zersetzt, teilweise dadurch, daß es den faktischen, sozialen und ökonomischen Wandlungen nicht kritisch zu folgen wußte, sondern nur das erprobte Alte festzuhalten suchte. *Die Fremdbestimmtheit* des Verbrauchers durch die Macht der Produzenten, Händler und Reklame-Agenten hat nun neue Probleme geschaffen, vor allem durch eine neue, unmerkliche Form von Abhängigkeit und Außenlenkung. Der Verbraucher kauft nicht nur, was er „braucht“, sondern was er brauchen *soll*. Der Fülle des Angebots von Waren entspricht keineswegs die Freiheit zur Wahl; denn die Wahl wird gesteuert.

Nun gibt es freilich eine Radikalkur zur Herabsetzung der Bedürfnisse: nämlich die totale Manipulierung des Konsums in der kommunistischen Wirtschaft, in deren Zwangsregelungen der Verbraucher teils eine untergeordnete Rolle spielt, teils nicht einmal die primitivsten Bedürfnisse an Nahrung und Kleidung ausreichend befriedigen kann. So wird aber die Freiheit des Wirtschafts-Subjektes als Verbraucher fast völlig aufgehoben; er muß nehmen, was gerade vorhanden ist. Dieser Weg ist in einer demokratischen Gesellschaft ungangbar, so sehr in dieser andererseits vor der Gefahr der Überlastung des Einzelnen und der Haushalte durch überspannten Verbrauch gewarnt werden muß. Angeblich ist zwar der „Kunde König“, aber dieser Kunde wird erst zurechtgemacht. Die Theorie, wonach der Verbraucher die Produktion durch seine Bedürfnisse und faktischen Käufe bestimmt, da ja der Produzent für den Markt und die Nachfrage produziert, bedarf offenbar der Korrektur.

Wir reden also weder der Kollektivierung noch der Uniformierung des Konsums das Wort, sondern seiner sozialethischen Steuerung im Blick auf den *Nächsten*, im Blick auf die *Freiheit* des Einzelnen von der Sucht, alles Beliebige zu kaufen und zu verbrauchen, und ein Sklave des Prestiges zu werden, endlich im Blick auf das Gesamtwohl aller Gruppen der Gesellschaft, das durch grenzenlose Steigerung der Bedürfnisse und steuerlosen Verbrauch leiden muß, weil diese die Gesellschaft auf die Dauer unfähig machen, Notlagen oder auch nur spürbaren Einschränkungen von Einkommen und Wohlstand moralisch und wirtschaftlich standzuhalten.

Die Aufgabe ist vor allem eine *sozialpädagogische*, an der alle Beteiligten, Produzenten, Gewerkschaften, Kirchen und Institutionen der Erziehung zusammenzuwirken haben, um die Freiheit und das Wertgefühl des Konsumenten zu stärken bzw. zu bilden. Besonders wichtig sind diese gegenüber den verwirrenden Angeboten der „Freizeit-Industrie", die sich des Menschen in der Freizeit bemächtigt, um auch dort den Konsum künstlich zu steigern und Zerstreuung oder Sensation für Entspannung und Erholung auszugeben.

Vermutlich hat D. Munby recht, wenn er unter Hinweis auf das amerikanische Beispiel Beratungsstellen für Verbraucher fordert, als „Gegenreklame im Interesse der Öffentlichkeit"; denn der Verbraucher kann einen gewissen Schutz verlangen, „der es ihm erlaubt, eine vernünftige Entscheidung zu treffen" (s. Lit.).

5. Der Wohlfahrtsstaat

Jenes System der sozialen Sicherungen oder Sicherheit, das die hochentwickelten Industriegesellschaften unserer Zeit aufgebaut haben, wird als „Wohlfahrts"- oder „Sozial"-Staat bezeichnet, aber auch — zumal von denjenigen, die diesem System kritisch gegenüberstehen — als „Massenversorgungsstaat" charakterisiert bzw. diffamiert. Insbesondere hat christliche Kritik im Wohlfahrtsstaat eine Tendenz zum „Weltanschauungsstaat" oder gar ein Gefälle zum totalen Staat erblicken wollen. Diese Kritik übergeht jedoch allzu schnell die grundlegende Tatsache, daß der moderne Sozialstaat die geschichtliche Folge der industriellen Revolution ist, die alle alten sozialen Sicherungen und schützenden Ordnungen (die Großfamilie z. B.) aufgelöst und den einzelnen Menschen allein auf seine Arbeit gestellt und von deren Entlohnung ökonomisch-sozial abhängig gemacht hat. Der Sozialstaat ist die Antwort auf die ökonomische und soziale Revolution des 19. Jahrhunderts, d. h. der Versuch der Gesellschaft, den Einzelnen gegen die Grundrisiken des menschlichen Dasein: Krankheit, Invalidität, Arbeitslosigkeit, Kinder- und Altersnot, durch ein umfassendes System sozialer Sicherungen abzuschirmen. Die persönlichen Risiken werden zu öffentlichen gemacht. So stellt der Wohlfahrtsstaat einen neuen „künstlichen“ Haftungsverband dar im Unterschiede zu den alten Haftungsverbänden der vor-industriellen Gesellschaft, deren soziale Sicherungsfunktionen auf ihn übergehen. Dies alles hat zu einer umfassenden Institutionalisierung der sozialen Sicherungen geführt. Hatte schon Wichern (1848/49) der Massennot gegenüber die soziale Hilfe als Sache des Staates bezeichnet, so hat sich seitdem die Erkenntnis der Fürsorge- und Hilfspflicht des Staates immer mehr durchgesetzt, und sie ist in der staatlichen Sozialpolitik und den Sozialversicherungen praktisch verwirklicht worden. Kein anderer gesellschaftlicher Verband wäre in der modernen Industriegesellschaft hierzu in der Lage gewesen. Die Antriebskraft zur Bildung des Wohlfahrtsstaates ist in einem sozialen Humanismus zu sehen, welcher den Staat als Repräsentanten der Gesellschaft und als Diener des Rechts verpflichtet, für die soziale Sicherheit des Einzelnen in dem Sinne zu sorgen, daß ihm ein *Minimum* zur Erhaltung eines menschenwürdigen Lebens gewährt wird. Zum Teil erwächst dieser sozialpolitische Humanismus aus christlichen Wurzeln. Die Christlich-Sozialen des 19. Jahrhunderts haben diese soziale Hilfspflicht des Staates entschieden herausgearbeitet.

Man hat bei der Würdigung des Wohlfahrtsstaates zu bedenken, daß für die Gesellschaft, in der er entstand, die

Eigentumslosigkeit der breiten Massen und die ökonomische Abhängigkeit der Lohnarbeiterschaft ein beherrschendes Datum war. Im Gegensatz zu älteren Auffassungen der Armenpflege wurde der sozial-strukturelle Charakter der „künstlichen“ Armut der industriellen Lohnarbeiter erkannt, einer Armut, die nicht auf das moralische Versagen des Einzelnen (Arbeitsscheu, Liederlichkeit u. ä.) zurückgeführt werden konnte. Der sozialpolitische Humanismus, der dem Staate eine neue Aufgabe zuerkennt, steht im Gegensatz zum Laissez-faire-Denken des bürgerlichen Liberalismus und Kapitalismus, indem er die Arbeiterschutzgesetzgebung oder die öffentliche Gesundheitsfürsorge fordert und durchsetzt. Schließlich entwickelt sich ein umfassendes System der sozialen Sicherheit, von dem man sagt, daß es einen rational-bürokratischen Charakter trage, den einzelnen Menschen zum „Sozialuntertan“ herabwürdige und endlich alle Fürsorge und Versorgung zum Monopol des Staates mache. Andererseits ist jedoch zu bedenken, daß wir nicht in den Fehler verfallen dürfen, die spontanen Akte und Improvisationen der Liebe in einen schiefen Gegensatz zu der rationalisierten Sozialhilfe und ihren Institutionen zu bringen. Ein Blick auf die evangelische Diakonie der letzten 100 Jahre zeigt, daß sie um durchgreifender Hilfe willen der Anstalten und Institutionen bedurfte und auf Akte der staatlichen Gesetzgebung drängte. Sie kann selbst nicht ohne institutionelle Formen handeln. Wollte sich die dienende Liebe in der modernen Gesellschaft auf einzelne, spontane Akte einzelner Christen beschränken, so würde sie der Not des Nächsten nicht gerecht und damit sich selber untreu. Sodann übersieht der verbreitete Vorwurf der bürokratischen Schematisierung, der Verwandlung menschlicher Not in einen „Fall“, der mit rationalen Verfahrensregeln behandelt wird, erstens, daß allen Formen der Massen-Gefährdung gegenüber (z. B. Arbeitslosigkeit) allein die gesetzliche, umfassende Ordnung der Hilfeleistungen durchgreifend wirken kann, und zweitens, daß innerhalb der öffentlichen Einrichtungen der sozialen Sicherheit eine unübersehbare Fülle guten, menschlichen Dienstes geschieht, den die christliche Sozialethik herabzusetzen nicht den mindesten Grund hat. Auch sind in diesen öffentlichen sozialen Diensten viele Christen am Werke, die innerhalb der rationalen Ordnung die personale Hingabe an den Mitmenschen wirken lassen.

Vor allem jedoch kann niemand die Frage beantworten, *wer* denn eigentlich der sozialen Gefährdung in allen ihren modernen Formen hätte steuern sollen, wenn *nicht* der Sozialstaat entwickelt worden wäre? Weder die Kirchen noch die verschiedenen gesellschaftlichen Gruppen wären allein hierzu imstande gewesen. Der Sozialstaat kann auch kein „Minimal"-Staat oder ein Rechtsstaat im liberalen Sinne sein, der sich mit dem Schutz der bürgerlichen Freiheiten und des vorhandenen Besitzes begnügt. Jeder Versuch, den Sozialstaat abzubauen, scheitert an der Unsicherheit und Hilflosigkeit des einzelnen Menschen, welche die industrielle Gesellschaft mit sich bringt und durch ihre ungeheure Dynamik täglich neu erzeugt.

Eine wesenhafte Verbindung des Wohlfahrtsstaates, der doch in England auf dem Boden einer demokratischen Gesellschaft entwickelt worden ist, mit dem *totalitären* Staate kommunistischer oder nationalsozialistischer Art liegt nicht vor. Er ist vielmehr ganz auf die Sicherung des Einzelnen, nicht auf Kollektive bezogen. Selbstverständlich können Einrichtungen des Wohlfahrtsstaates auch einem totalitären System eingebaut und dienstbar gemacht werden, wo ein solches besteht; doch ist dieses aus einer dem Sozialstaat englischer oder westdeutscher Prägung ganz entgegengesetzten Ideologie erwachsen. Die Stärkung und Entwicklung der gesellschaftlichen Demokratie (s. o. Kap. III) dürfte das beste Mittel sein, zu verhindern, daß der Bürger durch den Wohlfahrtsstaat zum „Sozialuntertanen" oder gar „Staatspensionär" gemacht wird. Je schwächer die verantwortliche Gesellschaft der Demokratie gegründet ist, desto stärker wird die Abhängigkeit des Einzelnen von den Leistungen des Wohlfahrtsstaates sein. Wäre die Negation unseres Systems der sozialen Sicherheit praktisch noch möglich, so könnte sie nur zur sozialen

Anarchie durch neue Massennöte oder zur Klassenherrschaft der Besitzenden führen. Die Kirche dürfte an einer solchen Destruktion der Gesellschaft nicht mitschuldig werden.

Andererseits muß sie in der Tat vor der Entwicklung eines *Total*versorgungsstaates warnen und die Utopie abwehren, als könnte der Wohlfahrtsstaat eine perfekte, totale Sicherheit des Einzelnen erbringen, die jede eigene persönliche Leistung und Verantwortung überflüssig machte. Auch gibt es kein absolutes Monopol des Staates in der Sozialhilfe. Er muß dadurch beschränkt und relativiert werden, daß neben ihm *andere Träger* der Sozialhilfe zugelassen werden, vor allem die Kirche und ihre Diakonie, deren Recht und Freiheit zu helfen in der Sendung der Kirche begründet sind, aber nicht in der Zulassung durch den Staat. Dienende Liebe kann der Staat nicht hervorbringen, aber er bedarf ihrer dringend, damit das System der Sozialhilfe vor der Gefahr bewahrt wird, den Einzelnen immer hilfloser und unselbständiger zu machen, statt ihn vor derjenigen Daseinsgefährdung zu bewahren, die er allein tatsächlich nicht bewältigen kann. Sowohl die sozialpolitische Stützung der *Familie* gegenüber dem auf den Einzelnen abgestellten heutigen Versicherungssystem als auch die Förderung der *Eigentumsbildung* sind sozialethische Aufgaben größten Stils, die sich ergeben, wenn man ernstlich die Auswucherung des Wohlfahrtsstaates in den Versorgungsstaat abwehren will. Das Versagen der bisherigen Gesellschaftspolitik an diesen beiden entscheidenden Stellen ist offenkundig. Jedenfalls kann eine Gesellschaft, die überwiegend aus besitzlosen Lohn- und Gehaltsempfängern besteht, ohne das System der sozialen Sicherheit nicht existieren. Wer den Sozialstaat abbauen will, muß die Eigentumsordnung grundlegend ändern.

Ebenso bedeutsam aber ist die *Partnerschaft* von Staat und Kirche. Die kirchliche Diakonie hat die besondere Aufgabe, sich neuentdeckter Notstände anzunehmen, z. B. der Mütter mit mehreren Kindern, die überlastet sind, weil sie jeder Hilfe entbehren; sie muß in der Entwicklung neuer Methoden der Hilfe vorangehen, wie sie dies seit jeher getan hat. Ein vollständig institutionalisiertes System der sozialen Sicherungen ist zu schwerfällig, als daß es diese Aufgaben lösen könnte. Darüber ist nicht zu vergessen, daß auch *innerhalb* dieses Systems der Dienst der Liebe möglich ist, vollends aber auch jenseits seiner Grenzen; Freiheit zum personalen Dienst der Liebe ist immer da, sofern sich der Eine als der Nächste des Anderen erkennt. Ein *Monopol* der *Kirche* auf die soziale Hilfe kann allerdings aus dieser Freiheit der Liebe nicht abgeleitet werden. Die Kirchen wären auch außerstande, das System der sozialen Sicherheit zu ersetzen. Freie Entfaltung der kirchlichen Diakonie und anderer nicht-staatlicher Träger der Sozialhilfe ist notwendig; ein *Vorrang* der kirchlichen Diakonie kann aber nicht prinzipiell und für alle Fälle festgelegt werden, da es soziale Hilfsaufgaben gibt, die sie aus eigner Kraft nicht lösen kann. In einer demokratischen Gesellschaft ist die Zusammenarbeit und die Partnerschaft zwischen freien und staatlichen bzw. kommunalen Einrichtungen die von der Sozialethik zu fordernde Grundordnung, nicht aber Monopole und Formen der Alleinherrschaft von Staat oder Kirche. Das *allgemeine Minimum* der Daseinssicherung kann allerdings nur das öffentliche System der sozialen Sicherheit gewährleisten. Für seine Relativität und Begrenzung sorgt der dynamische Prozeß der Gesellschaft, der ständige Reformen notwendig macht. Die positive Bedeutung des Sozialstaates zeigt der Blick auf die Massen von Menschen anderer Kontinente, die in Hunger und Elend aller Art dahinleben müssen und den weitaus größeren Teil der Menschheit ausmachen. Schon die bescheidensten Anfänge sozialstaatlicher Ordnungen wären für diese ein Segen.

In jedem Fall aber gilt, daß der Einzelne nicht von seiner aktiven Teilnahme am Tragen der Lasten der öffentlichen Sozialhilfe befreit werden kann. Die gesetzlich geordneten Ansprüche des Einzelnen an den Sozialstaat werden begrenzt durch den Anspruch des Gemeinwesens an die Selbsthilfe des Einzelnen, sowie auch niemand aus der Pflicht zu arbeiten entlassen werden kann, es sei denn im

Falle der völligen Arbeitsunfähigkeit infolge von Alter, Krankheit oder Invalidität.

Die christliche Ethik muß endlich scharf zwischen *Sicherheit* und *Geborgenheit* unterscheiden. Die letztere kann durch das rationale System der Sicherung nicht erlangt werden; sie ist nur möglich durch die Aufnahme des Menschen in ein tragendes Verbundensein mit Anderen, wie in der Familie oder der Gemeinde. Letzte Geborgenheit gibt es in dieser Welt überhaupt nicht, sondern nur in der Vollendung der Gemeinschaft mit Gott, die den Tod besiegt. Aber damit ist das Verlangen des heutigen Menschen nach sozialer Sicherheit nicht verurteilt. In einer sich umwälzenden Wirtschaft und Gesellschaft und der dadurch bedingten Unsicherheit der Existenz ist das Streben nach sozialer Sicherheit, sozialethisch gesehen, durchaus legitim. Illegitim ist die Verwechslung von Sicherheit und Geborgenheit; illegitim ist der Aberglaube an die sozialen Sicherungen, als ob mit ihnen der Sinn des Lebens erfüllt und das Ziel des Daseins erreicht wäre. Dieser des Menschen unwürdige Aberglaube wird durch die Verkündigung und Seelsorge der Kirche mit Recht demaskiert; denn wir sollen unser Herz nicht an die zerbrechlichen, irdischen Sicherungen hängen. Doch steht es den Dienern der Kirche, die selbst die Sicherungen des Beamtenstatus genießen, schlecht an, das Verlangen nach sozialer Sicherheit bei denjenigen zu verwerfen, die als Arbeiter und Angestellte zuerst von Wirtschaftskrisen und gesellschaftlichen Erschütterungen bedroht sind. In der dynamischen Gesellschaft unserer Tage wäre es eine schreiende Ungerechtigkeit und Unbarmherzigkeit, wollte die Kirche den Gliedern dieser Gesellschaft den Verzicht auf die Sicherung und Versicherung zur Erhaltung einer menschwürdigen Existenz durch den Sozialstaat zumuten.

Kapitel V:

LEITBILDER DER SOZIALEN GESTALTUNG

1. Die Zukunft der Gesellschaft

Wir haben verschiedentlich den Utopismus abgewehrt, d. h. die Erwartung einer vollkommenen Gesellschaft des Friedens, der Gerechtigkeit und Humanität auf dem Boden der Menschheitsgeschichte. Wir haben hinzugefügt, daß wir der faktischen Industrie-Gesellschaft, der säkularen und pluralistischen Struktur, in der sie lebt, auch nicht das Bild oder das Programm einer „christlichen Gesellschaftsordnung" entgegenstellen können. Auch die mittelalterliche Gesellschaft ist nicht nach einem christlichen Plan oder Bilde aufgebaut worden, so stark auch die Einwirkungen der Kirche auf diese Gesellschaft gewesen sein mögen.

Doch ist mit solchen allgemein anerkannten Abgrenzungen das Problem der sozialen Gestaltung mitnichten erledigt.

Alle Gestaltung der Gesellschaft, die zugleich als geschichtlicher Prozeß und als vielfältiges Handeln von Menschen und Institutionen vorgestellt werden muß, ereignet sich als Übergehen von der Gegenwart in die Zukunft. Der Mensch ist das auf Zukunft angelegte Wesen. Er hat nicht nur Her-kunft, sondern hat und will auch Zukunft. Seitdem vollends die christliche Botschaft der ganzen Menschheitsgeschichte Ziel und Ende im Reiche Gottes verkündigt hat, wird die Gesellschaft, in der diese Prophetie der „Endzeit" und der vollen Erlösung erschollen ist, die Frage nach der Zukunft der Menschheit nicht mehr verstummen lassen. Sie wird auch noch im säkularen Denken die Geschichte als ziel-gerichteten Gang verstehen, an dessen Ende die Erfüllung aller Erwartung und die Aufhebung aller Entfremdung steht. Diese Erwartung ist eine mächtige Kraft in der Geschichte der abendländischen und der amerikanischen Gesellschaft gewesen, und noch die ihr folgende Enttäuschung und Resignation zeugt — so in der Geschichte des Sozialismus — von ihrer ursprünglichen Macht. Diese Utopie hat die Wahrheit in sich, daß der Mensch und die Gesellschaft sich selbst überschreiten wollen und darum eine Zukunft der Gesellschaft erstreben und erwarten, die „anders“ ist als die Gegenwart: die „neue Gesellschaft“. Der Widerspruch, eine solche innerhalb der Geschichte zu erwarten, liegt auf der Hand, sofern sie als vollkommene Aufhebung aller Ungerechtigkeit, Unfreiheit und Entfremdung erhofft wird. Dennoch gibt es immer wieder *relativ* neue Sozialordnungen in der Geschichte, so wie die Gesellschaft der wissenschaftlich-technischen Zivilisation ganz andere Strukturen und Formungskräfte aufweist als die Gesellschaftsordnungen der Antike oder des Mittelalters, ja noch des 16. und 17. Jahrhunderts. Sie hat neue soziale Nöte und Erscheinungen der Entfremdung mit sich gebracht, aber auch jene Freiheit des Einzelnen, jene technisch-zivilisatorischen Leistungen und Kräfte zur Überwindung der Armut und des Mangels, die früheren Zeitaltern als reine Unmöglichkeit erschienen wären, nun aber das ganze menschliche Leben tragen. Insofern hat die Rede von der „Neuzeit“ ihr gutes Recht.

Die Sozialethik kann allerdings keine Lehre von der zukünftigen, vollkommenen Gesellschaft geben, da die Ur-Entfremdung des Menschen von Gott und die gebrochene Endlichkeit des Menschen nicht durch soziale Gestaltung überwunden werden können. Trotzdem hat sie *kritische Leitbilder* aufzustellen, welche den gegenwärtigen Zustand der Gesellschaft überschreiten. Wir sprechen vom Leitbilde, um ausdrücken zu können, daß es sich nicht um abstrakte Normen des Sollens im Gegensatze zum empirisch Vorfindlichen handelt, sondern um kritische Maßstäbe, die ihren *Real-Ansatz* in den Problemen und Strebungen der geschichtlichen Gesellschaft selbst haben, die im Menschen dieser Gesellschaft drängen und ihn vorwärtstreiben, und doch zugleich das Element des Überschreitenden in sich tragen, das nie begrifflich ausgeschöpft, sondern nur symbolisch angezeigt werden kann. Dies gilt vom Leitbild der

Freiheit ebenso wie von denjenigen der sozialen Gerechtigkeit oder der Humanität bzw. einer „verantwortlichen Gesellschaft“ als einer solchen, die sich den zuvor genannten Leitbildern unterstellen will. Das Normative oder Maßstabgebende ist allerdings ein wichtiges Element in dem Charakter des Überschreitens (Transzendierens), der den Leitbildern zu eigen ist.

Es gibt zahllose Phänomene sozialer Not und gesellschaftlicher Unordnung, die real überwunden werden können, so wie die Rechtlosigkeit und Ungesichertheit des Proletariats vor hundert Jahren in der heutigen westlichen Gesellschaft weitgehend (z. B. durch den Sozialstaat) überwunden worden sind. Die relativ neue, relativ bessere Gestaltung der Gesellschaft ist ebenso möglich wie sie notwendig ist, — notwendig um des Menschen willen, also im Sinne des sozial-ethisch Gebotenen. In diesem relativen Sinne gibt es sozialen Fortschritt, und es ist keineswegs die Aufgabe der Kirche, diesen zu diffamieren; vielmehr sollte sie sich stets als seine Helferin erweisen, da ihr die Bedrängten und Armen, die Hungernden und Nackten befohlen sind. Fortschritts-*Glaube* an Stelle der Hoffnung auf Gottes Reich und geschichtlicher Kampf um realen, sozialen Fortschritt, der zu neuen sozialen Ordnungen führt, sind zweierlei; verwirft die christliche Ethik mit Recht den ersteren, so ist es doch Unrecht, die gegebene Gesellschaft nicht durch die vielfältigen Mittel der gesellschaftlichen Diakonie, der staatlichen Sozialpolitik und der sozialkritischen Reformbewegungen bessern zu wollen und sich jener Lethargie zu ergeben, die den Boden für den Kommunismus vorbereitet. Eben diese relative Veränderung, d. h. „Vermenschlichung“ der gesellschaftlichen Ordnungen bedarf der kritischen Leitbilder. Diese sind selbst geschichtlich bedingt und begrenzt, sofern sie ja auf geschichtliche Gesellschaftszustände gerichtet sind. Sie drücken, christlich zu reden, die Gebote der Liebe und der Gerechtigkeit geschichtlich aus; sie stellen konkrete Maßstäbe auf für die Bewahrung des von Gott geliebten Menschen und der menschlichen Gesellschaft. So geben sie indirekt Zeugnis davon, daß Gott die Welt nicht verlassen hat und sie seinem Ziele zuführt.

Das kommende Reich Gottes ermächtigt die ganze Christenheit zum geschichtlich begrenzten Dienst der Liebe an der gerechten Ordnung der Gesellschaft. Er geschieht im Zeichen der Hoffnung, die in Jesus Christus Grund und Wahrheit hat, nicht im Zeichen der Hoffnungslosigkeit oder des Fatalismus. Illusionen zwar werden von der Geschichte widerlegt; der in der Humanität Christi begründete Dienst aber kann nicht von ihr widerlegt werden, weil sie als ganze in Christus ihren Herrn und ihre Erfüllung hat.

Ohne „Maximen sozialer Entscheidung" (A. Rich) und Gestaltung gibt es kein geschichtliches Handeln in Wirtschaft und Staat, in der Gesellschaft im Ganzen. Wer nur tun will, „was vor die Hand kommt", täuscht sich über die unterbewußten Maximen und Vorentscheidungen, die ihn selbst bewegen und zu Vorurteilen werden können, die an dem vorübergehen, was jetzt und hier wirklich getan werden kann und sollte. Das kritische Leitbild ist ja kein starres Programm, das man mit dem Hinweis auf die nötige konkrete Entscheidung abtun könnte. Soll es sich wirklich um diese letztere handeln, so ist zu fragen, wie sie ohne kritische Ausrichtung überhaupt Entscheidung sein kann, oder nicht vielmehr eine entscheidungslose Anpassung an die sog. konkrete Situation darstellt.

Die sozialethischen Leitbilder sind sozial-kritisch in dem Sinne, daß sie alles ausschließen, was Unfreiheit, soziale Ungerechtigkeit, Verdinglichung des Menschen bewirkt, und diese sozial-kritische Funktion ist sowohl auf Ideologien wie auf Institutionen zu beziehen. Diese Sozialkritik schließt den konservativen Positivismus, der sich mit allem Gegebenen abfindet, ebenso aus wie einen wiederum zur Ideologie gewordenen Non-Konformismus, der die reale Dienstleistung verdächtigt und, sozialethisch gesehen, in intellektualistischer Unfruchtbarkeit endet, weil er nicht begreifen kann, was Liebe ist. Denn diese ist ja kritisch und realistisch zugleich, und so will und bejaht sie die reale

Hilfeleistung und die geschichtlich begrenzte, aber reale Reform. Sie gebiert Leitbilder des geschichtlich-sozialen Handelns, nicht in Gestalt abstrakter „Sittengesetze" oder Normen, sondern Maßstäbe, die man handhaben kann, die sach-gerecht sind, weil sie aus der Begegnung mit den sozialen Realitäten geboren werden und nicht Kinder des utopischen Idealismus sind. Sie dienen daher der Gestaltung der Gesellschaft von morgen, der *nächsten* Zukunft, nicht der fernsten, der Gesellschaft der nächsten Generationen. In diesem Sinne handelt es sich hier um „reale Utopie" (W. Dirks).

In solchem Zusammenhang stellt sich das Problem der *Planung* und des Planes. Neueste Übersichten zeigen, wie Begriff und Sache (Wirtschafts- und Sozialpläne) mit Setzung bestimmter Ziele für bestimmte Fristen sich in fast der ganzen westlichen Gesellschaft durchsetzen, vor allem aber in den Gebieten des „rapiden sozialen Umbruchs", wo neue Gemeinwesen und Wirtschaftsgefüge aufgebaut werden müssen. Der Zusammenhang des „Planes" mit der Rationalität des modernen Wirtschaftens und der modernen ökonomischen „Rechenkunst" liegt auf der Hand; neuartig ist die Ausdehnung des Planes über die Einzelunternehmung oder Zusammenschlüsse von solchen hinaus auf immer größere Zusammenhänge und ganze Gemeinwesen. Es bleibt wahr, daß Gott alle Pläne der Menschen zunichte machen kann und sie durch den Gang der Geschichte oft zunichte macht. Aber durch diese Einsicht des Glaubens wird die politische und soziale Pflicht, um der Lebenserhaltung, der Ordnung und der Gerechtigkeit willen zu planen, nicht aufgehoben, so wenig wie die Pflicht, neue Häuser zu bauen, wenn ein Krieg die alten zerstört hat. Abzuweisen bleibt der utopische Rationalismus, der durch Planung über die Geschichte verfügen will und den Plan zur Vorstufe der perfekten Gesellschaft macht. Legitim ist der Plan des Handelns, der soziale Krisen und Elend überwinden will, kritisch auf die realen Faktoren der Wirtschaft bezogen wird und die Freiheit des Menschen nicht einer absoluten und totalen „Verplanung" aufopfert.

Das heißt, daß auch der Plan dem kritischen Leitbilde des christlichen Humanismus unterstellt und an ihm orientiert werden muß.

2. *Die verantwortliche Gesellschaft*

In diesen Fragenzusammenhang gehört nun die ökumenische Losung „verantwortliche Gesellschaft“ hinein, die von den Vollversammlungen des Oekumenischen Rates der Kirchen zu Amsterdam 1948 und zu Evanston bei Chicago (1954) ausgegangen ist. In der Arbeit der ökumenischen Studienkonferenz über die Verantwortung der Kirchen gegenüber den Problemen des „rapiden sozialen Umbruchs“ (vor allem in Asien und Afrika; 1959) ist dieses kritische Leitbild konkretisiert und zu praktischen Forderungen verdichtet worden. Es hat von vornherein die ganze Welt und ihre sozialen Probleme sowie den gemeinsamen Dienst aller Kirchen des Oekumenischen Rates im Auge. Man hat eingewendet, dieses Leitbild sei „zu humanitär“. Aber diese Kritik setzt entweder voraus, man müsse eine „christliche“ Gesellschaftsordnung entwerfen, oder aber, es sei sinnlos, in der Gesellschaft unserer Zeit um Menschlichkeit, um Gerechtigkeit zu kämpfen. Beide Voraussetzungen der Kritik sind falsch. Der „humanitäre“ Charakter dieser kritischen Maxime, die keineswegs beansprucht, ein neues System von Gesellschaft anbieten zu wollen, ist vielmehr gerade das, worauf es ankommt: Es ist „humanitär“, weil es zu allen Menschen spricht und nicht bloß für Christen gedacht ist. Freilich bedarf dieses Leitbild noch weiterer Begründung und Erläuterung, um es gegen Mißbrauch und Mißverständnisse zu sichern.

Erstens hat es eine Gesellschaft *freier*, doch zugleich verantwortlicher, und das heißt, für den Mitmenschen und die Ordnung des Miteinander *verantwortlicher Personen* im Auge. Es wird also nicht der isolierte Einzelne als „soziales Atom“ zum Grunddatum der Gesellschaft erklärt, und die Ersetzung der Freiheit durch Bindungslosigkeit abgewiesen. Eine Gesellschaft verantwortlicher Personen schließt desgleichen die kollektivistische Fremdbestimmung und Unfreiheit der Person aus. Damit ist eine *Richtung* der Sozialgestaltung gewiesen, aber es werden die einzelnen Gesellschaftskörper mit ihren verschiedenen, historischen Bedingungen nicht in ein rationales Aufbau-Schema gepreßt.

Der Begriff der *Verantwortung* bedarf sodann näherer Bestimmung (eine Aufgabe, die hier nicht gelöst werden kann), zumal heute eine Inflation des Wortgebrauchs zu beobachten ist. Die Intention geht auf die verantwortliche Bindung der Person an den Mitmenschen, auf Partnerschaft mit dem Anderen, aber wir werden in der modernen, säkularen Gesellschaft nicht verschweigen, daß die Anderen zu gebende Antwort der Verbundenheit und des Dienstes aufs engste damit zusammenhängt, daß wir *Gott* zu antworten haben, der uns zu personaler Verantwortung erschafft und beruft und den Menschen in jedem Zeitalter und Gesellschaftssystem vor die an Kain gerichtete Frage stellt: „Wo ist dein Bruder Abel?" (1. Mose 4, 9).

Das kritische Leitbild „verantwortliche Gesellschaft" ist ferner geeignet, die Pervertierungen aufzudecken, die unsere Gesellschaft bedrohen: Es widerstreitet der reinen Funktionalisierung des Menschen als eines Bestandteiles von Apparaturen, als bloßer Arbeitskraft und der Entleerung der menschlichen Vernunft zu einer rein technischen, die den Menschen und alle gesellschaftlichen Beziehungen als machbar ansieht. „Verantwortliche Gesellschaft" bedeutet aber auch, daß wir die der Person in dieser Gesellschaft der Organisation gegebenen hohen Chancen verantwortlicher Freiheit und verantwortlicher Steuerung der Betriebe und Verbände ergreifen und nutzen. So weist uns negativ wie positiv dieses kritische Leitbild über die bis jetzt historisch fixierten Verhältnisse von Wirtschaft, Staat und Gesellschaft im Ganzen hinaus. Es verschafft uns kritische Distanz; es nimmt die echte, notwendige Unruhe und Unzufriedenheit der humanistischen Sozialkritik mit der industriell-technischen Gesellschaft in sich auf, die in den zahlreichen Diagnosen unseres Zeitalters weiterwirkt, entfernt aus dieser aber auch die utopischen Elemente. Das Losungswort

„verantwortliche Gesellschaft“ ist nicht utopisch, weil es seinen Ort in allen konkreten Gesellschaften unserer Tage hat, in denen die Basis einer menschenwürdigen wirtschaftlich-sozialen Existenz erhalten oder erst geschaffen und die Freiheit des Menschen gewahrt werden muß; es fordert also auch die harte Arbeit unter begrenzten, geschichtlichen Bedingungen, so in der Überwindung des Hungers, überlebter agrarwirtschaftlicher Verhältnisse und Methoden oder der Gefahr der Bildung neuer Proletariate u. dergl. mehr.

Damit ist freilich dem vielgepriesenen „Realismus“ derer, die den historisch gewordenen Gesellschaftszustand für unveränderlich halten, oder dem zynischen Realismus derjenigen, welche die Gesellschaft dem zügellosen Kampf der Machtgruppen und dem „natürlichen“ Gewirr der Interessen überlassen wollen, der Riegel vorgeschoben. Diese Zurückweisung zweier höchst gefährlicher Typen von Realismus, die jede sozialethische Bemühung überflüssig machen, bedeutet nicht, daß wir eine Auflösung aller sozialen Gegensätze und Interessen-Kämpfe in reine Harmonie, in eine Gesellschaft von Friedensengeln, zu erwarten und zu erstreben hätten (vgl. S. 126ff.). Wir haben aber andererseits auch nicht den innergesellschaftlichen Krieg aller gegen alle als den Vater aller Dinge zu verherrlichen, sondern dem *Gemeinwohl,* der salus publica, d. h. in dieser unserer Frage, dem *relativ gerechten Ausgleich* zu dienen, damit Ordnung und Frieden, im politisch-rechtlichen Sinne der Worte, erhalten werden können. Zum Frieden des Gottesreiches hinführen können diese nicht, aber sie sind die Voraussetzungen einer menschenwürdig lebenden Gesellschaft. Kein Zweifel, daß die scharfe Differenzierung und Funktionalisierung unserer Gesellschaft die überlieferte Vorstellung vom Gemeinwohl entleert und unwirklich gemacht hat; sie ist die Beute der Ideologien und Interessengruppen geworden, die das Gemeinwohl nach ihrem Nutzen interpretieren, wenn nicht gar eine totale Partei dekretiert, was „dem Volke nützt“. Selbstverständlich ist es in kleinen, einfach gegliederten Gesellschaften mit hierarchischer Stufung viel leichter, die Arbeit des Einzelnen und die verschiedenen Stände auf das Gemeinwohl des Ganzen zu beziehen, zumal dieses Ganze noch in Ämtern (z. B. des Fürsten) und in verbindenden Symbolen anschaubar ist, als in der heutigen Gesellschaft. Wir werden deswegen aber den Begriff Gemeinwohl nicht aufgeben dürfen. Er bleibt sozialethisch notwendig. Denn er bringt Arbeit und Dienst der Einzelnen, der Gruppen und Verbände mit dem Gemeinwesen in eine sittliche Verantwortungs-Verbindung. Von dem „gemeinsamen Wohl" hängen alle ab, und alle sollen ihm mit ihrer besonderen und eigentümlichen Hervorbringung und Dienstleistung zustreben. Wer den Begriff des Gemeinwohls anerkennt, der versteht die Gesellschaft als ein System von Stellvertretungen und Dienstbeziehungen. Dieses erhebt die einzelne Arbeitsleistung und die Verschiedenheit der Gruppen und ihrer Interessen in den Rang eines Dienstes an dem Wohle aller. Mit Recht ist der Begriff des Gemeinwohls heute wieder als „zentraler Begriff der politischen Wissenschaft" (O. H. von der Gablentz) bezeichnet worden. Will man verantwortliche Demokratie, will man das Gemein-Wesen als soziale Einheit in aller Pluralität, so kann man auf den Maßstab des Gemeinwohls nicht verzichten; man muß aber zugleich die abstrakte, allgemeine Norm *politisch* konkretisieren, wofür es der Zusammenarbeit der Christen und Nichtchristen, der Sozialpolitiker, Wirtschaftswissenschaftler, Sozialethiker u. v. a. bedarf. Im dynamischen Gang unserer Gesellschaft muß das für alle verbindliche Gemeinwohl immer neu angezeigt, ausgelegt und neu bejaht werden; eine starre, ewig mit sich selbst identische Größe kann es nicht darstellen. Aber ohne verantwortliche Bejahung des Gemeinwohls müßte die pluralistische Gesellschaft sich in ein Wirrsal auflösen, das die Namen „menschliche Gesellschaft" und „Gemeinwesen" nicht mehr verdiente.

Mit alledem sind nur einige der Aufgaben sozialethischen Denkens und Handelns angedeutet, die aus der Annahme der Losung „verantwortliche Gesellschaft" entstehen. Im folgenden Abschnitt wird ein weiteres Problem der pluralistischen Gesellschaft, das oben schon angedeutet wurde, zur Erläuterung herangezogen.

3. Die Interessen-Gesellschaft und der soziale Friede

Schon in den zwanziger Jahren unseres Jahrhunderts beklagte die damalige, weit verbreitete Kulturkritik die Auflösung des Staates und Volkes in einen „Interessenten-Haufen". Zweifellos übersah diese Kritik wichtige Tatbestände. Gibt es nicht berechtigte Interessen? Hat nicht jedermann ein Interesse an einer besseren Stellung, Erhöhung des Einkommens und am Wohlstand? Die Arbeitnehmerschaft hat ein Interesse an höheren Löhnen, die Betriebsleitungen an dem Ausbau der Unternehmen, die Aktionäre an den Dividenden; alle Gruppen der Gesellschaft, Gewerkschaften und Parteien streben nach Geltung und Macht. Verschiedene Wirtschaftszweige und gesellschaftliche Gruppen machen ihre Interessen in Gestalt von Forderungen und Vorschlägen an die Wirtschafts- oder die Sozialpolitik geltend; Parlamente, Behörden und Regierungen werden von den Interessenvertretern unter Druck gesetzt. Stehen Wahlen bevor, verschärft sich dieser Druck. Man kann diese Tatbestände in den Begriff zusammenfassen, die pluralistische Gesellschaft sei eine Interessen-Gesellschaft. Aber man wird zugleich einräumen müssen, daß die Vielschichtigkeit und Differenziertheit der Gesellschaft und die vielseitige Produktion der Wirtschaft, die sich in ständiger Bewegung befinden, eine ganz andere Art von Interessen und Interessen-Vertretung hervorbringen mußte als Gesellschaften von einheitlicher, etwa naturalwirtschaftlicher Struktur. Ja, es gibt eine *legitime Sachwalterschaft* an Interessen, die für die Gesellschaft lebensnotwendig sind. Eine einfache, moralische Abwertung der Interessen dürfte also gar nicht möglich sein; die Grenze gegen unberechtigte Übertreibung oder Maßlosigkeit ist oft schwer zu ziehen, am ehesten dort, wo eine Interessen- und Verbands-Ideologie entwickelt wird, um die soziale und wirtschaftliche Bedeutung oder gar ausschlaggebende Rolle der betr. Gruppe eindrucksvoll darzustellen und zu propagieren. Davon allerdings, daß die Interessen sich selbst automatisch ausgleichen und also gar kein echtes Problem vorliege, kann keine Rede sein. Vielmehr treten Interessen in Interessen-Gegensätzen auf. Das Schulbeispiel ist der Gegensatz der Arbeitgeber und Arbeitnehmer; es stehen aber oft auch Interessen ganzer Wirtschaftsgruppen widereinander. Absolut feste Orientierungspunkte für die Bemessung der Interessen, z. B. an höheren Löhnen, lassen sich nicht aufstellen; was heute ein angemessener Preis ist, ist es morgen oder übermorgen schon nicht mehr, da wir in einer dynamischen, sich ständig wandelnden Wirtschaftsgesellschaft leben.

Obwohl die Interessengegensätze also nicht durch Machtsprüche der Gesetzgebung oder eine sozialethische Statuierung dessen, was ein- für allemal gerecht und ungerecht sei, aus der Welt geschafft werden können, so hat sich doch die bemerkenswerte Entwicklung ergeben, daß sogar Interessen-Kämpfe „sozial normiert" werden können. Einem Grundzuge der modernen Gesellschaft gemäß können sie nämlich rationalisiert und in institutionelle Formen überführt, sie können durch Rechtsformen aufgefangen und in einen relativ geregelten Ablauf gebracht werden. Das klassische Beispiel hierfür ist der Tarifvertrag, der mit der relativen Autonomie der Tarifpartner verbunden ist. Er sichert sowohl die Unternehmungen, die während seiner Laufzeit planen und Kosten kalkulieren können, als auch die Arbeitnehmer, die vor einer willkürlichen Kürzung der Löhne geschützt werden. Wilde Streiks dürfen die Gewerkschaften nicht unterstützen, da mit dem Tarifvertrag die „Friedenspflicht" verbunden ist. Lohn- und Arbeitskämpfe sind also nicht mehr der bloßen Willkür und der Gewalt des jeweils Stärkeren überlassen, sondern „normalisiert", d. h. einer sozial-rechtlichen Norm und Regelung unterworfen. Ein ganzes System des Arbeits- und Sozialrechtes ist aus hundertjährigen, sozialen Kämpfen hervorgegangen, welches die Klassengegensätze relativiert, ja z. T. zum Verschwinden gebracht hat.

Die christliche Sozialethik fragt angesichts dieser Entwicklung, was der *soziale Frieden* in der differenziert-pluralistischen Gesellschaft mit ihren ebenso ausgeprägten wie rationalisierten Interessen-Gegensätzen zu bedeuten habe. Ist der soziale Frieden erstrebenswert, und in welchem Sinne? Ist er zu verwirklichen?

Wir können den rechtlichen *Ausgleich* der Interessen durch ihre Institutionalisierung — nicht um ihre Aufhebung handelt es sich! — als eine wichtige, wenngleich natürlich relative Voraussetzung des sozialen Friedens bezeichnen. Freilich muß sogleich hinzugefügt werden, daß die Haltbarkeit des Ausgleichs-Verfahrens und der Institutionalisierung von einem Minimum an sozialethischen *Konventionen* und Verhaltensweisen abhängt, die von den Einzelnen, den Gruppen oder den Tarifpartnern anerkannt werden. Diese Regeln setzen langfristige oder dauernde Interessen-Gegensätze voraus und erkennen an, daß es berechtigte Interessen der Arbeitnehmer, der Arbeitgeber, der Landwirtschaft, des Bergbaus usw. gibt. Aber sie fordern unter dieser Bedingung auch die Achtung der Menschenwürde des sozialen Gegners und seines Lebensrechtes in der Gesellschaft. Die eine Gruppe darf also nicht von der anderen als „Klassenfeind" diffamiert oder vernichtet werden. Dies besagt durchaus nicht, daß es klassengespaltene Gesellschaften nicht auch heute noch als Faktum geben könnte. Aber die Kirche und die christliche Soziallehre haben ihr Schutzamt am Menschen auch darin wahrzunehmen, daß sie für die *menschliche Einheit* der Gesellschaft eintreten, welche alle sozialen Gegensätze relativiert und die institutionelle Ordnung sozialer Kämpfe erheischt. Doch bedarf der institutionelle Rahmen immer auch der Füllung bzw. des Unterbaues von sozialen Normen und Verhaltensweisen, die für *alle* gelten und von allen vollzogen werden sollen, um das Gemeinwesen aufrecht zu erhalten. Je größer die Gegensätze der Interessen sind, desto mehr hängt von der gemeinsamen Anerkennung der sozialethischen Regeln ab, von dem Willen zur Gerechtigkeit, zur Partnerschaft und zum sozialen Frieden. Wir gelangen also zu der Forderung, daß die Sozial-*Parteien* sich in der sozialen Auseinandersetzung als Sozial-*Partner* gegenseitig anzuerkennen haben, die beide in einem Gemeinwesen miteinander „auskommen" müssen, deren keiner den anderen austilgen kann.

Die christliche Gemeinde wird ihrerseits sowohl den institutionellen Ausgleich wie das Wirken humaner, sozialer Verhaltensweisen als eine wahre Wohltat erkennen, besonders auch im Blick auf diejenigen, die u. U. die Kosten einer sozialen Auseinandersetzung zu tragen haben, obwohl sie unmittelbar gar nicht beteiligt sind, z. B. als Verbraucher, als Steuerzahler usf. Andererseits erkennt die christliche Gemeinde klar, daß es sich hierbei um eine höchst *relative* und ständig *revisionsbedürftige* Form des sozialen Friedens handelt. Sie wird durch ihre Verkündigung und Diakonie dazu beitragen, daß die Glieder der Gesellschaft zur Anerkennung ihrer sozialen Partnerschaft erzogen werden; sie wird die Regeln der sozialen Ordnung und des Ausgleichs nicht deswegen unterschätzen, weil sie dem Bereich der „bürgerlichen Gerechtigkeit" angehören und „nur humanes Ethos" verkörpern. Sie schätzt im Gegenteil diese Regeln um so höher, als sie nicht der Utopie verfällt, in dieser Welt sei ein vollkommener, sozialer Friede möglich. Sie gibt sich auch nicht der Einbildung hin, ihrerseits ein Allheilmittel zur Herstellung des absoluten, sozialen Friedens zu besitzen — im Unterschiede zum Staate und den Mitteln des Sozialrechts. Die christliche Sozialethik wird vielmehr vor jeder künstlichen Verdeckung oder gewalttätigen Verdrängung der wirklichen Interessen-Gegensätze nur warnen können, gleichviel, ob diese im Namen eines „Ständestaates" oder der „Volksgemeinschaft" oder der „berufsständischen Ordnung" vorgenommen wird; jede Art romantischer Gemeinschafts-Ideologie führt die Menschen der heutigen Gesellschaft in Illusionen hinein. Der christlichen Sozialethik muß es in erster Linie auf die *Klarstellung* der faktischen Gegensätze ankommen; ohne diese Voraussetzung kann man nicht zum Ausgleich, zur relativen Friedensordnung gelangen, die doch viel hilfreicher und wirksamer ist, als jeder Traum von einer kampflosen Gemeinschaft. Jede Versachlichung und rechtliche Regelung der Interessen-Gegensätze sollte die christliche Gemeinde als praktischen Dienst am sozialen Frieden dankbar annehmen und ihre eigenen Glieder zur Beteiligung an diesem Dienst auffordern.

Eine Voraussetzung dieses Urteils ist es, daß wir bei der vielfach noch im Schwange befindlichen Verengung der christlichen Vorstellung vom Frieden auf den sog. „inneren" Frieden nicht verharren dürfen. Im Verhältnis des Christen zu Gott ist es die göttliche Gnade, die den Frieden mit Gott, die Versöhnung des Menschen mit Gott erschafft. *Dieser* Frieden ist „höher als alle Vernunft". Aber er trennt die Christen nicht von ihren Mitmenschen, sondern macht sie nach dem Worte Christi zu „Friedensstiftern" (Matth. 5, 9). Dieses praktische Handeln im Gründen des Friedens ist weit mehr als „friedliche Gesinnung", greift andererseits aber auch weit hinaus über den „äußeren" Frieden des sozialen Ausgleichs, da dieses Friedenstiften der Jünger Christi ja aus der Liebe zum Nächsten hervorgeht, Person mit Person verbindet und durch alle gesellschaftlichen Beziehungen hindurchgreift, ohne von Institutionen und Rechtsordnungen abhängig zu werden. Haben die Glieder der Gemeinde Christi aus göttlicher Gnade das Gebot und die Vollmacht, Frieden zu stiften, so bleibt doch auch dieser ihr Dienst unvollendet und ist nie am Ende des Ringens mit Haß, Unfrieden und Entfremdung in der geschichtlichen Welt.

Der allseitige, vollkommene, alle Kreatur umfassende Frieden aber herrscht allein im Reiche Gottes, in dem alle Gegensätze dieser Zeit end-gültig versöhnt und aufgehoben sein werden. Hier allein werden Gottesfrieden und sozialer Menschen-Frieden identisch sein. Aber die Erwartung des Reich-Gottes-Friedens ist keine untätige, sondern handelnde Hoffnung, die sich nicht bloß des erst noch zukünftigen Friedens getröstet, sondern *hier* und *heute* im Namen Christi Frieden zwischen Menschen, Völkern und Rassen stiftet, zum Zeichen des ewigen Friedens, der kommen wird.

4. Liebe und Gerechtigkeit

Zum Problem der „sozialen“ Gerechtigkeit wäre das Entsprechende zu bedenken. Sie kann nie „absolute“ oder vollkommene Gerechtigkeit werden; denn so ist allein die Gerechtigkeit der göttlichen Gnade beschaffen, die den Menschen aus aller Entfremdung von Gott befreit und ihn durch die Gerechtsprechung oder Rechtfertigung vor Gott gerecht macht. Gleichwohl bezeugt auch die „bürgerliche“ Gerechtigkeit, die in aller politischen und sozialen Ordnung erstrebt werden soll, daß die ganze Welt der Herrschaft der göttlichen Gerechtigkeit untersteht. So grenzt ja die weltliche Gerechtigkeit die Freiheit und die Macht der Einzelnen und der gesellschaftlichen Gruppen, der Staaten und Nationen ein, damit auch den anderen ein Anteil an Leben, Freiheit und Macht zukommen kann. Diese „soziale“ Gerechtigkeit ist relativ und geschichtlich begrenzt, auf stets wechselnde Größen und Lagen bezogen. Die absolut gerechte Gesellschaftsordnung hat nie existiert und wird es auch in Zukunft nicht geben; selbst eine nach Utopia verlegte Gesellschaftskonstruktion trägt noch die Züge geschichtlicher Bedingtheit der menschlichen Vernunft, ja menschlicher Torheit an sich.

Andererseits gilt, daß alle gegebene Ordnung an Rechten und Gesetzen stets kritisch auf Gerechtigkeit hin befragt werden muß. Die Handhabung des Maßstabes der Gerechtigkeit ist unerläßlich, wenn wir nicht im Hinnehmen gegebener Zustände und Machtverhältnisse und in der Gleichsetzung der faktischen Rechtsordnung mit dem gerechten Recht ersticken wollen, obwohl „die“ Gerechtigkeit nie endgültig definiert werden kann, und alle Begriffe von der Gerechtigkeit Symbol bleiben. Die Abstraktionen des „Naturrechts“, dessen Wahrheit in der kritischen Gegenüberstellung des wahren und des positiven Rechtes liegt, können nur dann mit Sinn und Leben erfüllt werden, wenn wir an die Gerechtigkeit Gottes glauben, die uns alle richtet und ausrichtet, d. h. in den Stand versetzt, der uns in Wahrheit zukommt. Die Wahrheit des Rechtes oder die

Gerechtigkeit kann immer nur Gottes Gerechtigkeit sein, der das Recht liebt und die Schwachen vor der Ungerechtigkeit bewahrt wissen will. Diese Gerechtigkeit Gottes nimmt auch das Recht, „das mit uns geboren ist", gegenüber dem geschichtliche gewordenen Recht in Schutz, weil dieses zum Unrecht werden kann, wenn neue, gesellschaftliche und ökonomische Bedingungen eintreten. Der Gegensatz des „Naturrechtes" oder der Norm der Gerechtigkeit zum geschichtlich-positiven Recht ist also — recht verstanden — nur der rationale Ausdruck der kritischen Macht und Wahrheit der Gerechtigkeit Gottes, die uns drängt, nach der Gerechtigkeit über unser geschichtlich realisiertes Recht hinaus zu fragen.

Aber die Gerechtigkeit Gottes ist im Unterschiede zur menschlichen ganz eins mit seiner *Liebe*, und die Gemeinde Christi untersteht dem Gebot zu lieben. Caritas domina et magistra legum: Die Liebe ist Herrin und Meisterin der Gesetze — so sagt seit alters die christliche Lehre von Recht und Gerechtigkeit. Dies gilt nicht nur im Sinne jener „Begnadigung" eines Übeltäters, die „Gnade vor Recht" ergehen läßt, sondern auch im Sinne einer Liebe, die die gesetzmäßige Rechtsprechung in Einzelfällen durch *Billigkeit* mildert, vor allem aber grundsätzlich in der konkreten Ausrichtung der abstrakt begrifflich gefaßten Norm Gerechtigkeit auf den geschichtlichen Menschen und die geschichtliche Gesellschaft. Die Liebe macht die Gerechtigkeit menschlich, konkret und erfüllt so die Handhabung der Gesetze mit übergesetzlicher „höherer" Gerechtigkeit. Insbesondere wirkt die Nächstenliebe, wie die Geschichte der christlich-sozialen Bewegung und des religiösen Sozialismus zeigt, als Pfadfinder und Führerin zur *sozialen* Gerechtigkeit, deren Sinn sich nie in Institutionen und Gesetzen erfüllt und doch dieser letzteren immer bedarf, um konkrete Hilfe und geschichtliche Ordnung schaffen zu können. Die negative, vielfach noch in der evangelischen Kirche verbreitete Auffassung des Rechtes, die an ihm nur den Zwang, die Abwehr des Unrechtes und die gesetzhafte Formalität hervorhebt, ist völlig unzureichend, ja geradezu rechtsfremd; die christliche Soziallehre muß an erster Stelle die Bindekraft personalen Charakters und die sittliche Macht des Rechtes, Menschen zusammenzuordnen und ihnen ihr Recht widerfahren zu lassen, herausarbeiten. Das Leben aller Institutionen hängt an ihrer Formung durch das Recht zu „rechtmäßigen" Einrichtungen der Gesellschaft. Es kann für die christliche Soziallehre gar kein wichtigeres Anliegen geben, als die Erhaltung und Bildung von Recht im Hinblick auf Gerechtigkeit und als ein Gemeinwesen, das den Dienst am Rechte zu seiner Aufgabe macht und in diesem seine innere Legitimation und Rechtmäßigkeit findet.

Das Teilhaben der Gerechtigkeit an der Liebe und die Lenkung der Gerechtigkeit durch die Liebe sind es, die uns die unendliche Wohltat der ordnenden, bindenden und erst hierdurch schützenden Macht des Rechtes begreifen lassen. So bleibt es ewig wahr, daß Gott das Recht liebt, wie das christliche Mittelalter im Anschluß an das Alte Testament gesagt hat, — und daß die Ungerechtigkeit, die Zerstörung des Rechtes dämonischen Charakter trägt, indem sie die Menschlichkeit des gesellschaftlichen Zusammenlebens vernichtet und die einzelne Person tyrannischer Willkür und jeglicher Infamie ausliefert; dann wird die Rechtsprechung zur Hure der Gewalt und zum Anwalt des Terrors.

Ohne eine — hier nicht auszuführende — christliche Rechtslehre, in der vorstehend nur angedeuteten Richtung — kann die christliche Sozialethik nicht bestehen, so wenig wie die christliche Gemeinde ohne die Ehrfurcht vor dem „Recht des Nächsten". Diese aber wurzelt letztlich ihrerseits in dem Wissen um die wiederherstellende, erneuernde Macht der *vergebenden Liebe*, welche dem Mitmenschen schöpferische Gerechtigkeit zuteil werden läßt und ihm als Ausstrahlung der göttlichen Liebe sein wahres Recht gibt durch die Aufhebung der Schuld, die Menschen voneinander trennt.—

Die dem Recht in Gerechtigkeit dienende, das Recht ehrende und bessernde Liebe ist das höchste, kritische Leitbild für alle soziale Gestaltung, das eine Gesellschaft verantwortlicher Personen erkennen und anerkennen kann, um die sozialethischen Maßstäbe der Menschlichkeit, der Freiheit und der Gerechtigkeit aus ihrer Unbestimmtheit zu befreien, aus der Entleerung zu erretten und vor der ideologischen Verkehrung zu Fassaden der Unmenschlichkeit, Unfreiheit und Rechtszerstörung zu bewahren — Gefahren, die ständig alles menschliche Gefühl für solche Maßstäbe des Rechten und Guten bedrohen. „Humanität ohne Divinität wird Bestialität".

5. Konflikte des Christen mit der Gesellschaft

Das über die Leitbilder der sozialen Gestaltung und den christlichen Humanismus Gesagte darf nicht so verstanden werden, als ob Konflikte des Christen mit der Gesellschaft, d. h. mit gesellschaftlichen Verbänden oder Ideologien, die den Christen auffordern, sich mit ihnen zu identifizieren und sich ihnen „gleichzuschalten", durch die gesellschaftliche Diakonie der Kirche ausgeschlossen werden könnte. Auch gibt es andersartige Konflikte innerhalb der Institutionen, in der Familie, im Staate, in öffentlichen Einrichtungen aller Art, die mit der Existenz der Kirche und des Christen immer als möglich gegeben sind und oft wirklich ausgefochten werden. Sie beruhen sämtlich letztlich darauf, daß die Kirche und der Christ in gesellschaftliche und politische Ordnungen nie ganz aufgenommen und eingerechnet werden können; sie gehen hervor aus der *Freiheit* des Christen von der Welt, und sie können bis zu einem geschichtlich nicht auflösbaren Widerstreit führen, der nur noch im Bekenntnis des Glaubens und im Leiden des Christen ausgehalten werden kann. Die Zuwendung der Kirche zur Gesellschaft in Gestalt der gesellschaftlichen Diakonie verdunkelt diese Konflikt-Situationen nicht. Aber die Diakonie schließt den religiösen Fanatismus aus, welcher das Bekenntnis des Glaubens von der Liebe trennt und so die Wege zum Dienst der Kirche in der Gesellschaft versperrt. — Halten sich dagegen gesellschaftliche Institutionen *offen* für den Dienst der Kirche und des Christen, so versteht die

Kirche diese Offenheit als eine Möglichkeit der Diakonie, die Gott selbst ihr eröffnet, und als eine Lage, in der sie sich als dienende Kirche zu bewähren hat.

Zwischen diesen Grenzsituationen des Leidens um des Glaubens willen und der Offenheit für den Dienst der Kirche gibt es jedoch zahlreiche Möglichkeiten und Formen einer relativen Überwindung von Konflikten und Zusammenstößen des Christen mit der Gesellschaft: teils durch die Beharrlichkeit und Geduld der Liebe zu denen, die am Denken und Handeln der Kirche, kirchlicher Dienstgemeinschaften oder einzelner Christen Anstoß nehmen, teils durch die Ausräumung von Mißverständnissen, die von beiden Seiten her entstehen können, endlich durch die Änderung christlicher Verhaltensweisen, die der geschichtlichen Situation oder der zur Rede stehenden Aufgabe einer gesellschaftlichen Institution nicht gerecht geworden sind. Neben kleinen und großen, echten Konflikten, denen der Glaube nicht ausweichen kann, da er Gott mehr gehorchen muß als den Menschen (Apgesch. 5,29), gibt es jedoch auch eine Unzahl *unechter* Konflikte, die u. a. durch die Verständnislosigkeit von Christen für den in der heutigen Gesellschaft von ihnen geforderten Dienst oder durch das Mißtrauen gesellschaftlicher Organisationen gegen die Kirche als solche, oder gegen die Verläßlichkeit des einzelnen Christen als Verbands- oder Partei-Mitglied, oder andere Arten der Selbstabschließung von Kirche und Gesellschaft gegen einander hervorgebracht werden können. Derartige unechte Konflikte müssen durch kritische Selbstprüfung, durch die Bereitschaft, den Partner zu hören und zu verstehen, und durch die Klärung der sachlichen Aufgabe, die gelöst werden soll, überwunden werden. Diejenigen Konflikte, die aus dem Versagen von Christen oder kirchlichen Gemeinschaften entstehen, sind nur durch die Selbstkritik der Kirche und neue Anstrengungen zu bewältigen, die Situation des Menschen in der heutigen Gesellschaft zu erfassen, sich ihm verständlich zu machen und neue, sachgerechte und ihrem Auftrag gemäße Arbeitsformen zu finden. *Der* Anstoß, den Christen oder Kirchen infolge ihrer geschichtlich-menschlichen Bedingtheit und Mangelhaftigkeit und durch ihre Unbußfertigkeit hervorrufen, ist nämlich nicht gleichzusetzen mit dem „Ärgernis" oder dem „Rumor", welche die Verkündigung des Evangeliums erzeugt, indem ihr zufolge Ja und Nein, Glaube und Nicht-Glaube einander gegenübertreten. Der Kirche kommt allerdings in der heutigen Gesellschaft eine besondere Verantwortung für die Auflösung der unechten Konflikte zu, der sie nur durch Redlichkeit und Verständnis für die „antiklerikalen" Affekte gerecht werden kann, die für die säkulare Gesellschaft charakteristisch sind und das Verhältnis der Christen zu den gesellschaftlichen Verbänden und Einrichtungen vielfach belasten, freilich auch nicht ohne Mitschuld der Kirche entstanden sind, vor allem sofern diese frühere, soziale und ökonomische Gefüge und Verhaltensweisen zu bewahren versuchte, als diese sich schon überlebt hatten. Der falsche Widerstreit zwischen Christ und Gesellschaft kann durch die kritische Solidarität der Kirche mit der Gesellschaft oft bereinigt oder doch auf die eigentliche, zugrunde liegende und umstrittene Gestaltungsfrage zurückgeführt werden. Dazu bedürfen die Christen freilich derselben Sachkunde und desselben Willens zur Erhellung der Bedingungen der zu bewältigenden, sozialen oder politischen Ordnungsaufgabe, die von allen Beteiligten gefordert werden müssen.

Der Christ sucht den Konflikt mit der Gesellschaft nicht, aber er weicht ihm dann nicht aus, wenn das Bekenntnis des Glaubens oder das Gebot der Liebe zu den Elenden und Bedrängten den Zusammenstoß mit Verbänden oder Willensrichtungen in der Gesellschaft ihn unausweichlich machen. Dann nimmt der Christ im Widerstreit zu diesen Mächten der Gesellschaft in Wirklichkeit die höchsten Rechte des Menschen wahr, die in seiner letzten Bestimmung und seinem Angewiesensein auf den Dienst der Liebe begründet sind.

6. Die soziale Gestaltung und der Gang der Geschichte

Die Geschichte ist offen und unübersehbar, — auch die Geschichte der Gesellschaftskörper und Staaten, der Gesellschaft im ganzen. Die Geschichte ist voller Katastrophen und Krisen, Kriege und Revolutionen. Der Untergang alter Sozialordnungen scheint geradezu eine der Haupt-Tragödien zu sein, in deren Aufführung die Weltgeschichte Meisterin ist. „Denn alles, was entsteht, ist wert, daß es zugrunde geht" (Goethe, Faust I. Teil, Studierzimmer 1).

Ist dies die Verurteilung des Kampfes um soziale Ordnung und Gerechtigkeit? Erweisen sich hieran alle Gedanken und Forderungen der Sozialethik als überflüssiges Spiel oder Illusion?

Das könnte doch nur gelten, wenn wir ohne Anruf und Gebot, ohne Gnade und Hilfe Gottes in Christus einem sinnlosen Werden und Vergehen preisgegeben wären. Aber Gott ist bei der Welt und bei den Menschen, und keine Zerstörung und kein Untergang kann die Christen von den Geboten Gottes befreien oder von seiner Gnade trennen. Die Erwartung des Reiches Gottes führt sie durch alle geschichtlichen Katastrophen hindurch. Es gibt keinen Aufschub für das Handeln der Liebe, keine Entlassung aus dem Dienste Gottes und der Verantwortung für das menschliche Leben. Das Haus des Gemeinwesens muß ausgebessert werden. Krisen und Katastrophen machen der sozialen Gestaltungsaufgabe also nicht ein Ende, sondern stellen sie gebieterisch in immer neue Formen. Die Menschen müssen wagen und handeln in die offene, ungewisse Zukunft hinein. Die Gemeinde Christi weiß und verkündigt, daß wir das geschichtliche Werk der Ordnung unserer Gesellschaft in der Gewißheit des Glaubens tun dürfen, daß Gott über menschliches Versagen und menschliche Schuld hinaus die Geschichte der Menschheit zu seinem Ziele führt, und daß deswegen der Kampf um Gerechtigkeit und Menschlichkeit und die Taten der Liebe weder fruchtlos noch sinnlos sind, sondern Vorzeichen und Voraus-Wirken des kommenden Reiches. Dies bleibt auch dort gültig, wo die Kirche durch Gewalt verhindert wird, ihren Dienst an der Gesellschaft in Freiheit und Öffentlichkeit auszurichten, nämlich in den totalitären Systemen. Andererseits zeigt die Situation der bedrängten und verfolgten Kirchen die geschichtliche Grenze unserer Darlegungen. Der Dienst der Kirche muß dort notwendig andere Formen annehmen.—

Auch das der christlichen Gemeinde aufgetragene Nachdenken über das, was sie im Dienste und als Anwalt des Menschen und der menschlichen Gesellschaft tun soll, hat in aller seiner geschichtlichen Vorläufigkeit an der Verheißung teil, daß die Täter der Liebe die wahren Gerechten sind, denen Gott sein Reich bestimmt hat, und daß die Friedensstifter „Söhne Gottes“ genannt werden (Matth. 25, 31 ff. und 5, 9).

LITERATUR (AUSWAHL)

(* = allgemeinverständlich)

Zum Ganzen:

* Brakelmann, G.: Die soziale Frage des 19. Jhd. Teil I u. II. Witten/Ruhr 1962

Gehlen, A.: Die Seele im technischen Zeitalter (rde). Hamburg 1957

Karrenberg, Fr.: Gestalt und Kritik des Westens. Stuttgart 1959

* Menschenwürdige Gesellschaft nach Katholischer Soziallehre, Evangelischer Sozialethik, Demokratischem Sozialismus. Köln 1960

* Oppen, D. v.: Das personale Zeitalter. Stuttgart 1960

Schelsky, H.: Der Mensch in der wissenschaftlichen Zivilisation. Köln 1961

* Schweitzer, W.: Freiheit zum Leben, Grundfragen der Ethik. Stuttgart 1959

Søe, N. H.: Christliche Ethik. 2. Aufl. München 1957

Spannungsfelder der evangelischen Soziallehre, hrsg. v. Fr. Karrenberg u. W. Schweitzer (Festschrift H.-D. Wendland) Hamburg 1960

Thielicke — Schrey: Christliche Daseinsgestaltung. Bremen 1958

Tillich, P.: Christentum und soziale Gestaltung. Ges. Werke Bd. II, Stuttgart 1962

Trillhaas, W.: Ethik. Berlin 1959

Zur Einleitung:

Evangelisches Soziallexikon. 4. Aufl. Stuttgart 1963, Art. Gesellschaft, Sozialethik, Soziallehre

Freyer, H.: Theorie des gegenwärtigen Zeitalters. Stuttgart 1955

Karrenberg, Fr.: Gestalt und Kritik des Westens. Stuttgart 1959

Wendland, H.-D.: Der Begriff Christlich-sozial. Köln 1962

Zu Kapitel I

Gollwitzer, H.: Forderungen der Freiheit. München 1962 (bes. S. 73 ff.)

* Munby, D. L.: Christ und Wirtschaft. Gütersloh 1962

Rich, A.: Glaube in politischer Entscheidung. Zürich 1962 (bes.: „Die institutionelle Ordnung der Gesellschaft als theologisches Problem" S. 113 ff.)
* Schweitzer, W.: Freiheit zum Leben. Stuttgart 1959
Tillich, P.: Liebe, Macht, Gerechtigkeit. Tübingen 1955
Tillich, P.: Christentum und soziale Gestaltung, Ges. Werke Bd. II, Stuttgart 1962
Wendland, H.-D.: Die Herrschaft Christi, in: H. Dombois — H. Müller-Schwefe — H.-D. Wendland: Der Herr der Welt. Stuttgart 1960
Wolf, Ernst: Königsherrschaft Christi und der Staat (Theologische Existenz heute NF 64). München 1958 (S. 20 ff.)

Zu Kapitel II

Aufgabe der gesellschaftlichen Diakonie (Kirche im Volk, Heft 25). Stuttgart 1960
Barth, K.: Kirchliche Dogmatik IV/3, 2. Hälfte. Zollikon 1959 (S. 872 ff.)
* Bourbeck, Chr.: Der Dienst des Christen in der Welt der sekundären Systeme, in: Diakonie zwischen Kirche und Welt. Hamburg 1958 (S. 53 ff.)
Freyer, H.: Theorie des gegenwärtigen Zeitalters. Stuttgart 1955
Rich, A.: Die Krisis der Volkskirche und das Weltverhältnis des Glaubens, in: Glaube in politischer Entscheidung. Zürich 1962 (S. 29 ff.)
Schelsky, H.: Der Mensch in der wissenschaftlichen Zivilisation. Köln 1961
Tillich, P.: Entfremdung und Versöhnung im modernen Denken, in: Ges. Werke Bd. IV. Stuttgart 1961 (S. 183 ff.)
Tillich, P.: Der Protestantismus, Prinzip und Wirklichkeit. Stuttgart 1950
Wendland, H.-D.: Die Kirche in der modernen Gesellschaft. 2. Aufl. Hamburg 1958
Wendland, H.-D.: Botschaft an die soziale Welt. Hamburg 1959

Zu Kapitel III

Bennet, J. C.: Besteht eine besondere Verwandtschaft zwischen Christentum und Demokratie? in: Zeitschr. f. evang. Ethik. 1957, S. 208 ff.

Dombois, H. — E. Wilkens (Hg.): Macht und Recht. Berlin 1956

Dombois, H.: Politische und christliche Existenz. Bemerkungen zur lutherischen Staatslehre von heute, in: Macht und Recht. Berlin 1956, S. 98 ff.

Freund, L.: Politik und Ethik. 2. Aufl. Gütersloh 1960

Gollwitzer, H.: Bürger und Untertan, in: Forderungen der Freiheit. München 1962, S. 70 ff.

Marsch, W.-D.: Christlicher Glaube und demokratisches Ethos. Hamburg 1958

Rich, A.: Kirche und Demokratie, in: Glaube in politischer Entscheidung. Zürich 1962, S. 157 ff.

Scheuner, U.: Das Wesen des Staates und der Begriff des Politischen in der neueren Staatslehre, in: Staatsverfassung und Kirchenordnung (Festgabe R. Smend). Tübingen 1962, S. 225 ff.

Thielicke, H.: Ethik des Politischen, Theologische Ethik. Bd. II/2. Tübingen 1958

Zu Kapitel IV

Delekat, Fr.: Der Christ und das Geld (Theol. Existenz heute NF H. 57). München 1957

* Eigentum in sozialer Verantwortung, Denkschrift der Sozialkammer der EKiD, in: Zeitschr. f. evangel. Ethik 6/4. 1962, S. 243 ff.

Künneth, W.: Moderne Wirtschaft und christliche Existenz. München 1959

Locher, G. W.: Der Eigentumsbegriff als Problem evangelischer Theologie. 2. Aufl. Zürich 1962

* Munby, D. L.: Christ und Wirtschaft. Gütersloh 1962

Thielicke, H.: Theologische Ethik. Bd. II/1, Tübingen 1955 (S. 395 ff.)

Weddigen, W.: Wirtschaftsethik. Berlin 1951

* Wendt, S.: Gibt es eine Eigengesetzlichkeit des Wirtschaftslebens? in: Wir sind gefordert, Fragen christlicher Verantwortung. Berlin 1954

* Wendt, S.: Der Einfluß des Geldes auf das Ethos des Wirtschaftens, in: Spannungsfelder der evangelischen Soziallehre. Hamburg 1960, S. 255 ff.

Wolf, Ernst: Eigentum und Existenz, in: Zeitschr. f. evangel. Ethik 6/1, 1962, S. 1 ff.

Zu Kapitel V

* von der Gablentz, O. H.: Politische Gesittung. Köln 1959

* Oekumenisches: Aufgaben und Möglichkeiten christlichen Handelns im raschen sozialen Umbruch (Bericht der Internationalen ökumenischen Studienkonferenz in Saloniki 1959), in: Zeitschr. f. evangel. Ethik 4/1, 1960, S. 257 ff.

* Neu-Delhi spricht, hg. v. W. A. Vissert Hooft, Stuttgart 1962 (S. 26 ff.)

* Evanston spricht, Frankfurt/M. 1954 (S. 41 ff. u. 80 ff.)

Rich, A.: Die institutionelle Ordnung der Gesellschaft als theologisches Problem, in: Glaube in politischer Entscheidung. Zürich 1962, S. 113 ff.

Soziale Verantwortung in der säkularisierten Gesellschaft, in: Zeitschr. f. evangel. Ethik 7/1, 1963 (Thesen des Arbeitsausschusses „Verantwortliche Gesellschaft" der Ev. Kirche Westfalens).

Tillich, P.: Politische Bedeutung der Utopie im Leben der Völker. Berlin 1951

Tillich, P.: Liebe, Macht, Gerechtigkeit. Tübingen 1955

Wendland, H.-D.: Botschaft an die soziale Welt. Hamburg 1959 (S. 166 ff. u. 213 ff.)

* Wendland, H.-D.: Die verantwortliche Gesellschaft, in: Laßt sie Menschen bleiben im Betrieb (hg. v. G. Corman u. W. Lottmann) Stuttgart 1960, S. 156 ff.

Wolf, Erik: Recht des Nächsten. Frankfurt/M. 1958

REGISTER

Amtsträger, kirchliche 49, 66 f., 83, 116
Arbeit 48, 56 f., 93 ff., 97 ff.
Askese 94 f.; s. auch Verzicht
Autonomie 19 f., 35, 53

Beruf 48, 95 ff.
Betrieb 9, 16, 32 f., 56, 95, 98, 102

Christenheit, weltliche 28 f., 47 ff., 65 f., 83, 91
Christlich-Soziale (19. Jhdt.) 39, 96, 103, 108, 111, 132
Christus 18, 22, 25, 28, 45 f., 72, 120, 137
Christusherrschaft 31 ff., 36 ff., 44, 53, 85 ff., 94

Dämonien, soziale 33 ff., 38, 87
Demokratie 56, 64 f., 73 ff.
Diakonie 36 f., 48 f., 61, 69 ff., 112 ff.
Diakonie, gesellschaftliche 68 ff., 90, 119, 129, 134

Ehe 9, 27 ff.
Eigengesetzlichkeit 29, 69, 93
Eigentum 103 ff., 112 ff.
Elite 80
Entfremdung 19 ff., 36 ff., 44 f., 71 f., 98, 101, 117 f.
Erwartung 23 ff., 63, 117 ff.
Eschatologie 18, 24, 36, 117
Ethik 5 ff., 12 ff., 24, 34, 92 ff.
Ethos 11 f., 16, 22, 30, 43 f., 74, 91, 108 f.

Familie 9, 27 ff., 33, 114
Fortschritt, Fortschrittsglaube 11, 21, 69, 119, 128
Freiheit 16, 20, 23 ff., 36, 41 f.
Freiheit, christliche 41 f., 70, 87, 134
Freiheit und Gleichheit 11, 42, 74 ff., 83 ff.
Freizeit 100 f., 110
Frieden 25, 78, 130, 138
Friede, sozialer 64, 70, 126 ff.
Funktionalismus 57, 102

Gehorsam 28, 37, 41
Geld 96, 100 ff.
Gemeinschaft 7, 14, 31, 57
Gemeinwohl 32, 80, 88, 124 f.
Gerechtigkeit 16, 28 ff., 64, 106, 131 ff.
Geschichte, Geschichtlichkeit 12, 18 f., 23 f., 46 f., 50 ff., 83 f., 117 f., 137 f.
Gesellschaft 5 ff., 13 ff., 21 f., 46 f., 62, 68 ff., 74 f., 87, 117 ff., 122 ff. u. ö.
Gesellschaft, moderne (säkulare, pluralistische, industrielle) 5 f., 9 ff., 14, 40, 50 ff., 80 f., 96 ff., 105 ff., 135 f.
Gewissen 21, 35, 66
Glaube 17 f., 37, 134 ff.
Gleichheit 11, 20 ff., 42 f., 74 f., 83 f.
Gruppen 69 ff., 80 ff., 90 f., 124 ff.

Herrschaft 76 ff., 85; s. auch Christus-Herrschaft
Hoffnung 24, 120; s. auch Zukunft
Humanismus, bürgerlicher, marxistischer 13, 19 ff., 23 ff.
Humanismus, christlicher 17 ff., 40 ff., 54, 70 f., 75, 122

Idealismus 18 ff., 95 ff.
Ideologien 30 ff., 39, 55 ff., 64, 69, 88 f., 120, 129
Individualismus 6 ff., 38, 48, 57 f., 96, 103
Institutionen 8 f., 14 f., 27 ff., 61 f., 69 ff., 76, 128, 134
Integration, soziale 5, 62 f., 75
Interessen 55, 58, 69, 79 f., 91, 126 ff.

Kapitalismus 51, 71, 96, 112
Kirche 10, 17, 36 ff., 45 ff., 58 ff., 82 ff., 87 ff., 134 ff.
Klasse 19 ff., 35, 82, 127 f.
Kommunismus 10, 58, 73, 91, 109, 113, 119
Konflikte 64, 70, 134 ff.
Krise, gesellschaftliche 5 ff..

Laie 48 f., 66
Leistungsprinzip 16, 33, 57
Liebe 22 f., 25 f., 30 ff., 37 ff., 50, 63, 69, 86, 131 ff., 137 f.

Macht 27, 34 ff., 76 ff., 85 ff., 106, 131
Marxismus 19 ff., 56, 70 ff., 96 ff., 103
Mensch 6 ff., 17 ff., 23 ff., 31 ff., 54 ff., 70 ff., 94 ff. u. ö.
Mitmenschlichkeit 16 f., 22 ff., 32, 43, 108, 119, 123 u. ö.

Nation 15, 29, 81 ff.
Nationalsozialismus 34, 39, 44, 88, 91, 113
Naturrecht 25, 43 ff., 131 ff.

Obrigkeit 77 f., 83
Offenheit 31, 64 ff., 134 f., 137
Ökumene 10, 27, 63, 73, 122
Ordnung, statisch-sakrale 5, 10, 20, 25, 31, 35, 43 ff., 58
Ordnung, human-säkulare 27 ff., 33, 39 ff., 76 ff., 124

Parteien 55, 74, 91 f.
Partnerschaft 22, 102, 114, 123, 128 f.
Person, Personalität 7 ff., 21, 27 ff., 39, 56, 62, 103 f., 122 f.
Pfarrer s. Amtsträger
Plan, Planung 121
Pluralismus 55, 75, 79 f., 125 ff.
Politik 17, 29, 50, 74 ff., 83 ff., 125

Recht 29 f., 44 f., 131ff.

Sachgemäßheit 64, 69, 135 f.
Säkularismus, Säkularität 28 ff., 53, 65; s. auch Christenheit, weltliche
Solidarität 22, 63 ff.
Sozialethik, Soziallehre 6 ff., 15 ff., 51ff., 92 ff.
Sozialpartner 69, 81, 127 ff.
Staat 27 ff., 46 f., 73 ff., 110 ff.
Stände 5, 9, 107, 125
Ständestaat 91, 129
Sünde 44, 63, 72; s. auch Entfremdung

Tarifvertrag 127 f.

Utopie, Utopismus 19, 23 ff., 63, 72 ff., 117 ff.

Verantwortung 122 ff.
Verbände 9, 55 f., 58, 65, 70, 79 ff., 126 ff., 134 ff.
Verbrauch, Verbraucher 93, 104, 107 ff.
Verzicht 87, 107 f.
Volkskirche 59

Wirtschaft 57, 80, 92 ff.
Wohlfahrtsstaat 60, 69, 110 ff.
Wohlstand 76, 80, 101, 108 ff.

Zivilisation, wissenschaftlich-technische 35, 54 f., 92, 118
Zwei-Reiche (-Lehre) 46 f., 86 ff.
Zukunft 17 f., 23 ff., 31, 36, 63, 117 ff.

SAMMLUNG GÖSCHEN

GESAMTVERZEICHNIS

Jeder Band DM 3,60 · Doppelband DM 5,80

Februar 1963

WALTER DE GRUYTER & CO., BERLIN 30

Inhaltsübersicht

Biologie 16
Botanik 16
Chemie 15
Deutsche Sprache u. Literatur 7
Elektrotechnik 19
Englisch 8
Erd- u. Länderkunde 10
Geologie 18
Germanisch 8
Geschichte 5
Griechisch 9
Hebräisch 9
Hoch- u. Tiefbau 22
Indogermanisch 8
Kartographie 10
Kristallographie 18
Kunst 5
Land- u. Forstwirtschaft . . 18
Lateinisch 9
Maschinenbau 20
Mathematik 12
Mineralogie 18
Musik 5
Pädagogik 4
Philosophie 3
Physik 14
Psychologie 4
Publizistik 10
Religion 4
Romanisch 8
Russisch 9
Sanskrit 9
Soziologie 4
Statistik 10
Technik 19
Technologie 16
Volkswirtschaft 10
Vermessungswesen 22
Wasserbau 21
Zoologie 17
Autorenregister 30
Bandnummernfolge 24

Geisteswissenschaften

Philosophie

Einführung in die Philosophie von *H. Leisegang †*. 5. Auflage. 145 Seiten. 1963. In Vorbereitung (281)

Hauptprobleme der Philosophie von *G. Simmel †*. 7., unveränderte Auflage. 177 Seiten. 1950. (500)

Geschichte der Philosophie

I: Die griechische Philosophie von *W. Capelle*. 1. Teil. Von Thales bis Leukippos. 2., erweiterte Auflage. 135 Seiten. 1953. (857)

II: Die griechische Philosophie von *W. Capelle*. 2. Teil. Von der Sophistik bis zum Tode Platons. 2., stark erweiterte Auflage. 144 Seiten. 1953. (858)

III: Die griechische Philosophie von *W. Capelle*. 3. Teil. Vom Tode Platons bis zur Alten Stoa. 2., stark erweiterte Auflage. 132 Seiten. 1954. (859)

IV: Die griechische Philosophie von *W. Capelle*. 4. Teil. Von der Alten Stoa bis zum Eklektizismus im 1. Jh. v. Chr. 2., stark erweiterte Auflage. 132 Seiten. 1954. (863)

V: Die Philosophie des Mittelalters von *J. Koch*. In Vorbereitung. (826)

VI: Von der Renaissance bis Kant von *K. Schilling*. 234 Seiten. 1954. (394/394a)

VII: Immanuel Kant von *G. Lehmann*. In Vorbereitung. (536)

VIII: Die Philosophie des 19. Jahrhunderts von *G. Lehmann*. 1. Teil. 151 Seiten. 1953. (571)

IX: Die Philosophie des 19. Jahrhunderts von *G. Lehmann*. 2. Teil. 168 Seiten. 1953. (709)

X: Die Philosophie im ersten Drittel des 20. Jahrhunderts 1. Teil von *G. Lehmann*. 128 Seiten. 1957. (845)

XI: Die Philosophie im ersten Drittel des 20. Jahrhunderts 2. Teil von *G. Lehmann*. 114 Seiten. 1960. (850)

Die geistige Situation der Zeit (1931) von *K. Jaspers*. 5., unveränderter Abdruck der im Sommer 1932 bearbeiteten 5. Auflage. 211 Seiten. 1960. (1000)

Erkenntnistheorie von *G. Kropp*.
1. Teil: Allgemeine Grundlegung. 143 Seiten. 1950. (807)

Formale Logik von *P. Lorenzen*. 2., verbesserte Auflage. 165 Seiten. 1962. (1176/1176a)

Philosophisches Wörterbuch von *M. Apel †*. 5., völlig neubearbeitete Auflage von *P. Ludz*. 315 Seiten. 1958. (1031/1031a)

Philosophische Anthropologie. Menschliche Selbstdeutung in Geschichte und Gegenwart von *M. Landmann*. 266 Seiten. 1955. (156/156a)

Pädagogik, Psychologie, Soziologie

Geschichte der Pädagogik von *Herm. Weimer.* 15., neubearbeitete und vermehrte Auflage von *Heinz Weimer.* 184 Seiten. 1962. (145)
Therapeutische Psychologie. Ihr Weg durch die Psychoanalyse von *W. M. Kranefeldt.* Mit einer Einführung von *C. G. Jung.* 3. Auflage. 152 Seiten. 1956. (1034)
Allgemeine Psychologie von *Th. Erismann †.* 4 Bände. 2., neubearbeitete Auflage.
I: Grundprobleme. 146 Seiten. 1958. (831)
II: Grundarten des psychischen Geschehens. 248 Seiten. 1959. (832/832a)
III: Experimentelle Psychologie und ihre Grundlagen. 1. Teil. 112 Seiten, 7 Abbildungen. 1962. (833)
IV: Experimentelle Psychologie und ihre Grundlagen. 2. Teil. 199 Seiten, 20 Abbildungen. 1962. (834/834a)
Soziologie. Geschichte und Hauptprobleme von *L. von Wiese.* 6. Auflage. 175 Seiten. 1960. (101)
Ideengeschichte der sozialen Bewegung des 19. und 20. Jh. von *W. Hofmann.* 243 Seiten. 1962. (1205/1205a)
Sozialpsychologie von *P. R. Hofstätter.* 181 Seiten, 15 Abbildungen, 22 Tabellen. 1956. (104/104a)
Psychologie des Berufs- und Wirtschaftslebens von *W. Moede †.* 190 Seiten, 48 Abbildungen. 1958. (851/851a)
Industrie- und Betriebssoziologie von *R. Dahrendorf.* 2., umgearbeitete und erweiterte Auflage. 142 Seiten, 3 Figuren. 1962. (103)
Einführung in die Sozialethik von *H.-D. Wendland.* 144 Seiten. 1963. (1203)

Religion

Jesus von *M. Dibelius †.* 3. Auflage, mit einem Nachtrag von *W. G. Kümmel.* 140 Seiten. 1960. (1130)
Paulus von *M. Dibelius †.* Nach dem Tode des Verfassers herausgegeben und zu Ende geführt von *W. G. Kümmel.* 2., durchgesehene Auflage. 155 Seiten. 1956. (1160)
Luther von *F. Lau.* 151 Seiten. 1959. (1187)
Melanchthon von *R. Stupperich.* 139 Seiten. 1960. (1190)
Einführung in die Konfessionskunde der orthodoxen Kirchen von *K. Onasch.* 291 Seiten. 1962. (1197/1197a)
Geschichte des christlichen Gottesdienstes von *W. Nagel.* 215 Seiten. 1962. (1202/1202a)
Geschichte Israels. Von den Anfängen bis zur Zerstörung des Tempels (70 n. Chr.) von *E. L. Ehrlich.* 158 Seiten, 1 Tafel. 1958. (231/231a)
Römische Religionsgeschichte von *F. Altheim.* 2 Bände. 2., umgearbeitete Auflage.
I: Grundlagen und Grundbegriffe. 116 Seiten. 1956. (1035)
II: Der geschichtliche Ablauf. 164 Seiten. 1956. (1052)
Die Religion des Buddhismus von *D. Schlingloff.* 2 Bände.
I: Der Heilsweg des Mönchtums. 122 Seiten, 11 Abbildungen, 1 Karte. 1962. (174)
II: Der Heilsweg für die Welt. In Vorbereitung. (770)

Musik

Musikästhetik von *H. J. Moser*. 180 Seiten. Mit zahlreichen Notenbeispielen. 1953. (344)
Systematische Modulation von *R. Hernried*. 2. Auflage. 136 Seiten. Mit zahlreichen Notenbeispielen. 1950. (1094)
Der polyphone Satz von *E. Pepping*. 2 Bände.
I: Der cantus-firmus-Satz. 2. Auflage. 223 Seiten. Mit zahlreichen Notenbeispielen. 1950. (1148)
II: Übungen im doppelten Kontrapunkt und im Kanon. 137 Seiten. Mit zahlreichen Notenbeispielen. 1957. (1164/1164a)
Allgemeine Musiklehre von *H. J. Moser*. 2., durchgesehene Auflage. 155 Seiten. Mit zahlreichen Notenbeispielen. 1955. (220/220a)
Harmonielehre von *H. J. Moser*. 2 Bände.
I: 109 Seiten. Mit 120 Notenbeispielen. 1954. (809)
Die Musik des 19. Jahrhunderts von *W. Oehlmann*. 180 Seiten. 1953. (170)
Die Musik des 20. Jahrhunderts von *W. Oehlmann*. 312 Seiten. 1961. (171/171a)
Technik der deutschen Gesangskunst von *H. J. Moser*. 3., durchgesehene und verbesserte Auflage. 144 Seiten, 5 Figuren sowie Tabellen und Notenbeispiele. 1954. (576/576a)
Die Kunst des Dirigierens von *H. W. von Waltershausen †*. 2., vermehrte Auflage. 138 Seiten. Mit 19 Notenbeispielen. 1954. (1147)
Die Technik des Klavierspiels aus dem Geiste des musikalischen Kunstwerkes von *K. Schubert †*. 3. Auflage. 110 Seiten. Mit Notenbeispielen. 1954. (1045)

Kunst

Stilkunde von *H. Weigert*. 2 Bände. 3., durchgesehene und ergänzte Auflage.
I: Vorzeit, Antike, Mittelalter. 136 Seiten, 94 Abbildungen. 1958. (80)
II: Spätmittelalter und Neuzeit. 150 Seiten, 88 Abbildungen. 1958. (781)
Archäologie von *A. Rumpf*. 2 Bände.
I: Einleitung, historischer Überblick. 143 Seiten, 6 Abbildungen, 12 Tafeln. 1953. (538)
II: Die Archäologensprache. Die antiken Reproduktionen. 136 Seiten, 7 Abbildungen, 12 Tafeln. 1956. (539)

Geschichte

Einführung in die Geschichtswissenschaft von *P. Kirn*. 4., durchgesehene Auflage. 127 Seiten. 1963. (270)
Einführung in die Zeitgeschichte von *B. Scheurig*. 101 Seiten. 1962. (1204)
Zeitrechnung der römischen Kaiserzeit, des Mittelalters und der Neuzeit für die Jahre 1—2000 n. Chr. von *H. Lietzmann †*. 3. Auflage, durchgesehen von *K. Aland*. 130 Seiten. 1956. (1085)

GEISTESWISSENSCHAFTEN

Kultur der Urzeit von *F. Behn.* 3 Bände. 4. Auflage der **Kultur der** Urzeit Bd. 1—3 von *M. Hoernes.*

I: Die vormetallischen Kulturen. (**Die Steinzeiten Europas. Gleichartige Kulturen in anderen Erdteilen.) 172 Seiten, 48 Abbildungen.** 1950. (564)

II: Die älteren Metallkulturen. (Der Beginn der Metallbenutzung, Kupfer- und Bronzezeit in Europa, im Orient und in Amerika.) 160 Seiten, 67 Abbildungen. 1950. (565)

III: Die jüngeren Metallkulturen. (Das Eisen als Kulturmetall, Hallstatt-Latène-Kultur in Europa. Das erste Auftreten des Eisens in den anderen Weltteilen.) 149 Seiten, 60 Abbildungen. 1950. (566)

Vorgeschichte Europas von *F. Behn.* Völlig neue Bearbeitung der 7. Auflage der „Urgeschichte der Menschheit" von *M. Hoernes.* 125 Seiten, 47 Abbildungen. 1949. (42)

Der Eintritt der Germanen in die Geschichte von *J. Haller †.* 3. Auflage, durchgesehen von *H. Dannenbauer.* 120 Seiten, 6 Kartenskizzen. 1957. (1117)

Von den Karolingern zu den Staufern. Die altdeutsche Kaiserzeit (900—1250) von *J. Haller †.* 4., durchgesehene Auflage von *H. Dannenbauer.* 142 Seiten, 4 Karten. 1958. (1065)

Von den Staufern zu den Habsburgern. Auflösung des Reichs und Emporkommen der Landesstaaten (1250—1519) von *J. Haller †.* 2., durchgesehene Auflage von *H. Dannenbauer.* 118 Seiten, 6 Kartenskizzen. 1960. (1077)

Deutsche Geschichte im Zeitalter der Reformation, der Gegenreformation und des dreißigjährigen Krieges von *F. Hartung.* 2., durchgesehene Auflage. 128 Seiten. 1963. (1105)

Deutsche Geschichte von 1648—1740. Politischer und geistiger Wiederaufbau von *W. Treue.* 120 Seiten. 1956. (35)

Deutsche Geschichte von 1713—1806. Von der Schaffung des europäischen Gleichgewichts bis zu Napoleons Herrschaft von *W. Treue.* 168 Seiten. 1957. (39)

Deutsche Geschichte von 1806—1890. Vom Ende des alten bis zur Höhe des neuen Reiches von *W. Treue.* 128 Seiten. 1961. (893)

Deutsche Geschichte von 1890 bis zur Gegenwart von *W. Treue.* In Vorbereitung. (894)

Quellenkunde der Deutschen Geschichte im Mittelalter (bis zur Mitte des 15. Jahrhunderts) von *K. Jacob †.* 3 Bände.

I: Einleitung. Allgemeiner Teil. Die Zeit der Karolinger. 6. Auflage, bearbeitet von *H. Hohenleutner.* 127 Seiten. 1959. (279)

II: Die Kaiserzeit (911—1250). 5. Auflage, neubearbeitet von *H. Hohenleutner.* 141 Seiten. 1961. (280)

III: Das Spätmittelalter (vom Interregnum bis 1500). Herausgegeben von *F. Weden.* 152 Seiten. 1952. (284)

Geschichte Englands von *H. Preller.* 2 Bände.

I: bis 1815. 3., stark umgearbeitete Auflage. 135 Seiten, 7 Stammtafeln, 2 Karten. 1952. (375)

II: Von 1815 bis 1910. 2., völlig umgearbeitete Auflage. 118 Seiten, 1 Stammtafel, 7 Karten. 1954. (1088)

Römische Geschichte von *F. Altheim.* 4 Bände. 2., verbesserte Auflage.
I: Bis zur Schlacht bei Pydna (168 v.Chr.). 124 Seiten. 1956. (19)
II: Bis zur Schlacht bei Actium (31 v.Chr.). 129 Seiten. 1956. (677)
III: Bis zur Schlacht an der Milvischen Brücke (312 n.Chr.). 148 Seiten. 1958. (679)
IV: Bis zur Schlacht am Yarmuk (636 n.Chr.). In Vorbereitung. (684)

Geschichte der Vereinigten Staaten von Amerika von *O. Graf zu Stolberg-Wernigerode.* 192 Seiten, 10 Karten. 1956. (1051/1051a)

Deutsche Sprache und Literatur

Geschichte der Deutschen Sprache von *H. Sperber.* 4. Auflage, besorgt von *W. Fleischhauer.* 128 Seiten. 1963. In Vorbereitung. (915)

Deutsches Rechtschreibungswörterbuch von *M. Gottschald †.* 2., verbesserte Auflage. 219 Seiten. 1953. (200/200a)

Deutsche Wortkunde. Kulturgeschichte des deutschen Wortschatzes von *A. Schirmer.* 4. Auflage von *W. Mitzka.* 123 Seiten. 1960. (929)

Deutsche Sprachlehre von *W. Hofstaetter.* 10. Auflage. Völlige Umarbeitung der 8. Auflage. 150 Seiten. 1960. (20)

Stimmkunde für Beruf, Kunst und Heilzwecke von *H. Biehle.* 111 Seiten. 1955. (60)

Redetechnik. Einführung in die Rhetorik von *H. Biehle.* 2., erweiterte Auflage. 151 Seiten. 1961. (61)

Sprechen und Sprachpflege (Die Kunst des Sprechens) von *H. Feist.* 2., verbesserte Auflage. 99 Seiten, 25 Abbildungen. 1952. (1122)

Deutsches Dichten und Denken von der germanischen bis zur staufischen Zeit von *H. Naumann †.* (Deutsche Literaturgeschichte vom 5.—13. Jahrhundert.) 2., verbesserte Auflage. 166 Seiten. 1952. (1121)

Deutsches Dichten und Denken vom Mittelalter zur Neuzeit von *G. Müller* (1270 bis 1700). 3., durchgesehene Auflage. 159 Seiten. 1963. In Vorbereitung. (1086)

Deutsches Dichten und Denken von der Aufklärung bis zum Realismus (Deutsche Literaturgeschichte von 1700—1890) von *K. Viëtor †.* 3., durchgesehene Auflage. 159 Seiten. 1958. (1096)

Der Nibelunge Nôt in Auswahl mit kurzem Wörterbuch von *K. Langosch.* 10., durchgesehene Auflage. 164 Seiten. 1956. (1)

Kudrun und Dietrich-Epen in Auswahl mit Wörterbuch von *O. L. Jiriczek.* 6. Auflage, bearbeitet von *R. Wisniewski.* 173 Seiten. 1957. (10)

Wolfram von Eschenbach. Parzival. Eine Auswahl mit Anmerkungen und Wörterbuch von *H. Jantzen.* 2. Auflage, bearbeitet von *H. Kolb.* 128 Seiten. 1957. (921)

Hartmann von Aue. Der arme Heinrich nebst einer Auswahl aus der „Klage“, dem „Gregorius“ und den Liedern (mit einem Wörterverzeichnis) herausgegeben von *F. Maurer.* 96 Seiten. 1958. (18)

Gottfried von Strassburg in Auswahl herausgegeben von *F. Maurer.* 142 Seiten. 1959. (22)

Die deutschen Personennamen von *M. Gottschald †*. 2., verbesserte Auflage. 151 Seiten. 1955. (422)
Althochdeutsches Elementarbuch. Grammatik und Texte von *H. Naumann †* und *W. Betz*. 3., verbesserte und vermehrte Auflage. 183 Seiten. 1962. (1111/1111a)
Mittelhochdeutsche Grammatik von *H. de Boor* und *R. Wisniewski*. 3., verbesserte und ergänzte Auflage. 150 Seiten. 1963. (1108)

Indogermanisch, Germanisch

Indogermanische Sprachwissenschaft von *H. Krahe*. 2 Bände. 4., überarbeitete Auflage.
I: Einleitung und Lautlehre. 110 Seiten. 1962. (59)
II: Formenlehre. 124 Seiten. 1963. (64)
Gotisches Elementarbuch. Grammatik, Texte mit Übersetzung und Erläuterungen von *H. Hempel*. 3., umgearbeitete Auflage. 166 Seiten. 1962. (79/79a)
Germanische Sprachwissenschaft von *H. Krahe*. 2 Bände.
I: Einleitung und Lautlehre. 5., überarbeitete Auflage. 149 Seiten. 1963. (238)
II: Formenlehre. 4., überarbeitete Auflage. 149 Seiten. 1961. (780)
Altnordisches Elementarbuch. Schrift, Sprache, Texte mit Übersetzung und Wörterbuch von *F. Ranke*. 2., durchgesehene Auflage. 146 Seiten. 1949. (1115)

Englisch, Romanisch

Altenglisches Elementarbuch. Einführung, Grammatik, Texte mit Übersetzung und Wörterbuch von *M. Lehnert*. 5., verbesserte Auflage. 178 Seiten. 1962. (1125)
Historische neuenglische Laut- und Formenlehre von *E. Ekwall*. 3., durchgesehene Auflage. 150 Seiten. 1956. (735)
Englische Phonetik von *H. Mutschmann †*. 2. Auflage. Etwa 117 Seiten. 1963. In Vorbereitung. (601)
Englische Literaturgeschichte von *F. Schubel*. 4 Bände.
I: Die alt- und mittelenglische Periode. 163 Seiten. 1954. (1114)
II: Von der Renaissance bis zur Aufklärung. 160 Seiten. 1956. (1116)
III: Romantik und Viktorianismus. 160 Seiten. 1960. (1124)
Beowulf von *M. Lehnert*. Eine Auswahl mit Einführung, teilweiser Übersetzung, Anmerkungen und etymologischem Wörterbuch. 3., verbesserte Auflage. 135 Seiten. 1959. (1135)
Shakespeare von *P. Meißner †*. 2. Auflage, neubearbeitet von *M. Lehnert*. 136 Seiten. 1954. (1142)
Italienische Literaturgeschichte von *K. Voßler †*. 5. Auflage, neubearbeitet von *A. Noyer-Weidner*. In Vorbereitung. (125)

Romanische Sprachwissenschaft von *H. Lausberg*. 4 Bände.
I: Einleitung und Vokalismus. 2. Auflage. 160 Seiten. 1963. In Vorbereitung. (128/128a)
II: Konsonantismus. 95 Seiten. 1956. (250)
III: Formenlehre. 1. Teil. 99 Seiten. 1962. (1199)
III: Formenlehre. 2. Teil. S. 99—260. 1962. (1200/1200a)
IV: Wortlehre. In Vorbereitung. (1208)

Griechisch, Lateinisch

Griechische Sprachwissenschaft von *W. Brandenstein*. 2 Bände.
I: Einleitung, Lautsystem, Etymologie. 160 Seiten. 1954. (117)
II: Wortbildung und Formenlehre. 192 Seiten. 1959. (118/118a)
Geschichte der griechischen Sprache. 2 Bände.
I: Bis zum Ausgang der klassischen Zeit von *O. Hoffmann †*. 3. Auflage, bearbeitet von *A. Debrunner †*. 156 Seiten. 1953. (111)
II: Grundfragen und Grundzüge des nachklassischen Griechisch von *A. Debrunner †*. 144 Seiten. 1954. (114)
Geschichte der griechischen Literatur von *W. Nestle*. 2. Bände. 3. Auflage, bearbeitet von *W. Liebich*.
I: 144 Seiten. 1961. (70)
II: In Vorbereitung. (557)
Grammatik der neugriechischen Volkssprache von *J. Kalitsunakis*. 3., völlig neubearbeitete und erweiterte Auflage. 197 Seiten. 1963. (756/756a)
Neugriechisch-deutsches Gesprächsbuch von *J. Kalitsunakis*. 2. Auflage, bearbeitet von *A. Steinmetz*. 99 Seiten. 1960. (587)
Geschichte der lateinischen Sprache von *F. Stolz*. 4. Auflage von *A. Debrunner †*. In Vorbereitung. (492)
Geschichte der römischen Literatur von *L. Bieler*. 2 Bände.
I: Die Literatur der Republik. 160 Seiten. 1961. (52)
II: Die Literatur der Kaiserzeit. 133 Seiten. 1961. (866)

Hebräisch, Sanskrit, Russisch

Hebräische Grammatik von *G. Beer †*. 2 Bände. Völlig neubearbeitet von *R. Meyer*.
I: Schrift-, Laut- und Formenlehre I. 3. Auflage. 157 Seiten. In Vorbereitung. (763/763a)
II: Formenlehre II. Syntax und Flexionstabellen. 2. Auflage. 195 Seiten. 1955. (764/764a)
Hebräisches Textbuch zu *G. Beer-R. Meyer*, Hebräische Grammatik von *R. Meyer*. 170 Seiten. 1960. (769/769a)
Sanskrit-Grammatik von *M. Mayrhofer*. 89 Seiten. 1953. (1158)
Russische Grammatik von *E. Berneker †*. 6., verbesserte Auflage von *M. Vasmer †*. 155 Seiten. 1961. (66)
Slavische Sprachwissenschaft von *H. Bräuer*. 2 Bände.
I: Einleitung, Lautlehre. 221 Seiten. 1961. (1191/1191a)

Erd- und Länderkunde, Kartographie

Afrika von *F. Jaeger*. Ein geographischer Überblick. 2 Bände. 3. Auflage.
I: Der Lebensraum. 179 Seiten, 18 Abbildungen. 1963. In Vorbereitung. (910)
II: Mensch und Kultur. 155 Seiten, 6 Abbildungen. 1963. In Vorbereitung. (911)

Australien und Ozeanien von *H. J. Krug*. 176 Seiten, 46 Skizzen. 1953. (319)

Kartographie von *V. Heissler*. 213 Seiten, 125 Abb., 8 Anlagen. 1962. (30/30a)

Volkswirtschaft, Statistik, Publizistik

Allgemeine Betriebswirtschaftslehre von *K. Mellerowicz*. 4 Bände. 11., durchgesehene Auflage.
I: 224 Seiten. 1961. (1008/1008a)
II: 188 Seiten. 1962. (1153/1153a)
III: 260 Seiten. 1963. (1154/1154a)
IV: 209 Seiten. 1963. (1186/1186a)

Geschichte der Volkswirtschaftslehre von *S. Wendt*. 182 Seiten. 1961. (1194)

Allgemeine Volkswirtschaftslehre von *A. Paulsen*. 4 Bände.
I: Grundlegung, Wirtschaftskreislauf. 4., neubearbeitete Auflage. 154 Seiten. 1962. (1169)
II: Haushalte, Unternehmungen, Marktformen. 4., neubearbeitete Auflage. 168 Seiten, 32 Abbildungen. 1963. (1170)
III: Produktionsfaktoren. 3. Auflage. 200 Seiten. 1963. (1171)
IV: Gesamtbeschäftigung, Konjunkturen, Wachstum. 2. Auflage. 174 Seiten. 1962. (1172)

Allgemeine Volkswirtschaftspolitik von *H. Ohm*. 2 Bände.
I: Systematisch-Theoretische Grundlegung. 137 Seiten, 6 Abbildungen. 1962. (1195)
II: Der volkswirtschaftliche Gesamtorganismus als Objekt der Wirtschaftspolitik. In Vorbereitung. (1196)

Finanzwissenschaft von *H. Kolms*. 4 Bände.
I: Grundlegung, Öffentliche Ausgaben. 2. Auflage. 160 Seiten. 1963. In Vorbereitung. (148)
II: Erwerbseinkünfte, Gebühren und Beiträge; Allgemeine Steuerlehre. 148 Seiten. 1960. (391)
III: Besondere Steuerlehre. 178 Seiten. 1962. (776)
IV: Öffentlicher Kredit. Haushaltswesen. Finanzausgleich. In Vorbereitung. (782)

Finanzmathematik von *M. Nicolas*. 192 Seiten, 11 Tafeln, 8 Tabellen und 72 Beispiele. 1959. (1183/1183a)

Industrie- und Betriebssoziologie von *R. Dahrendorf*. 2., umgearbeitete und erweiterte Auflage. 142 Seiten, 3 Figuren. 1962. (103)

Wirtschaftssoziologie von *F. Fürstenberg*. 122 Seiten. 1961. (1193)

Psychologie des Berufs- und Wirtschaftslebens von *W. Moede †*. 190 Seiten, 48 Abbildungen. 1958. (851/851a)

Allgemeine Methodenlehre der Statistik von *J. Pfanzagl*. 2 Bände.
I: Elementare Methoden unter besonderer Berücksichtigung der Anwendungen in den Wirtschafts- und Sozialwissenschaften. 2. Auflage. Etwa 205 Seiten, 35 Abbildungen. 1963. (746/746a)
II: Höhere Methoden unter besonderer Berücksichtigung der Anwendungen in Naturwissenschaft, Medizin und Technik. 295 Seiten, 39 Abbildungen. 1962. (747/747a)

Zeitungslehre von *E. Dovifat*. 2 Bände. 4., neubearbeitete Auflage.
I: Theoretische und rechtliche Grundlagen — Nachricht und Meinung — Sprache und Form. 149 Seiten. 1962. (1039)
II: Redaktion — Die Sparten: Verlag und Vertrieb, Wirtschaft und Technik — Sicherung der öffentlichen Aufgabe. 168 Seiten. 1962. (1040)

Naturwissenschaften

Mathematik

Geschichte der Mathematik von *J. E. Hofmann.* 4 Bände.
I: Von den Anfängen bis zum Auftreten von Fermat und Descartes. 2., verbesserte und vermehrte Auflage. 200 Seiten. 1963. (226/226a)
II: Von Fermat und Descartes bis zur Erfindung des Calculus und bis zum Ausbau der neuen Methoden. 109 Seiten. 1957. (875)
III: Von den Auseinandersetzungen um den Calculus bis zur französischen Revolution. 107 Seiten. 1957. (882)
IV: Geschichte der Mathematik der neuesten Zeit von *N. Stuloff.* In Vorbereitung. (883)

Mathematische Formelsammlung von *F. O. Ringleb.* 7., erweiterte Auflage. 320 Seiten, 40 Figuren. 1960. (51/51a)

Vierstellige Tafeln und Gegentafeln für logarithmisches und trigonometrisches Rechnen in zwei Farben zusammengestellt von *H. Schubert* und *R. Haussner.* 3., neubearbeitete Auflage von *J. Erlebach.* 158 Seiten. 1960. (81)

Fünfstellige Logarithmen mit mehreren graphischen Rechentafeln und häufig vorkommenden Zahlenwerten von *A. Adler.* 4. Auflage, überarbeitet von *J. Erlebach.* 127 Seiten, 1 Tafel. 1962. (423)

Arithmetik von *P. B. Fischer †.* 3. Auflage von *H. Rohrbach.* 152 Seiten, 19 Abbildungen. 1958. (47)

Höhere Algebra von *H. Hasse.* 2 Bände.
I: Lineare Gleichungen. 5., neubearbeitete Auflage. 150 Seiten. 1963. (931)
II: Gleichungen höheren Grades. 4., durchgesehene Auflage. 158 Seiten, 5 Figuren. 1958. (932)

Aufgabensammlung zur höheren Algebra von *H. Hasse* und *W. Klobe.* 3., verbesserte Auflage. 183 Seiten. 1961. (1082)

Elementare und klassische Algebra vom modernen Standpunkt von *W. Krull.* 2 Bände.
I: 3., erweiterte Auflage. 136 Seiten. 1963. In Vorbereitung. (930)
II: 132 Seiten. 1959. (933)

Algebraische Kurven und Flächen von *W. Burau.* 2 Bände.
I: Algebraische Kurven der Ebene. 153 Seiten, 28 Abbildungen. 1962. (435)
II: Algebraische Flächen 3. Grades und Raumkurven 3. und 4. Grades. 162 Seiten, 17 Abbildungen. 1962. (436/436a)

Einführung in die Zahlentheorie von *A. Scholz †.* Überarbeitet und herausgegeben von *B. Schoeneberg.* 3. Auflage. 128 Seiten. 1961. (1131)

Formale Logik von *P. Lorenzen.* 2., verbesserte Auflage. 165 Seiten. 1962. (1176/1176a)

Topologie von *W. Franz.* 2 Bände.
I: Allgemeine Topologie. 144 Seiten, 9 Figuren. 1960. (1181)
II: Algebraische Topologie. In Vorbereitung. (1182)

Elemente der Funktionentheorie von *K. Knopp* †. 6. Auflage. 144 Seiten, 23 Figuren. 1963. In Vorbereitung. (1109)

Funktionentheorie von *K. Knopp* †. 2 Bände. 10. Auflage.
I: Grundlagen der allgemeinen Theorie der analytischen Funktionen. 144 Seiten, 8 Figuren. 1961. (668)
II: Anwendungen und Weiterführung der allgemeinen Theorie. 130 Seiten, 7 Figuren. 1962. (703)

Aufgabensammlung zur Funktionentheorie von *K. Knopp* †. 2 Bände.
I: Aufgaben zur elementaren Funktionentheorie. 6. Auflage. 135 Seiten. 1962. (877)
II: Aufgaben zur höheren Funktionentheorie. 5. Auflage. 151 Seiten. 1959. (878)

Differential- und Integralrechnung von *M. Barner*. (Früher *Witting*). 4 Bände.
I: Grenzwertbegriff, Differentialrechnung. 2. Auflage. Etwa 176 Seiten. 1963. In Vorbereitung. (86/86 a)

Gewöhnliche Differentialgleichungen von *G. Hoheisel*. 6., neubearbeitete und erweiterte Auflage. 128 Seiten. 1960. (920)

Partielle Differentialgleichungen von *G. Hoheisel*. 4., durchgesehene Auflage. 128 Seiten. 1960. (1003)

Aufgabensammlung zu den gewöhnlichen und partiellen Differentialgleichungen von *G. Hoheisel*. 4., durchgesehene und verbesserte Auflage. 124 Seiten. 1958. (1059)

Integralgleichungen von *G. Hoheisel*. 2., durchgesehene Auflage. Etwa 125 Seiten. 1963. (1099)

Mengenlehre von *E. Kamke*. 4., verbesserte Auflage. 194 Seiten, 6 Figuren. 1962. (999/999 a)

Gruppentheorie von *L. Baumgartner*. 3., neubearbeitete Auflage. 110 Seiten, 3 Tafeln. 1958. (837)

Ebene und sphärische Trigonometrie von *G. Hessenberg* †. 5. Auflage, durchgesehen von *H. Kneser*. 172 Seiten, 60 Figuren. 1957. (99)

Darstellende Geometrie von *W. Haack*. 3 Bände.
I: Die wichtigsten Darstellungsmethoden. Grund- und Aufriß ebenflächiger Körper. 4., durchgesehene und ergänzte Auflage. 113 Seiten, 120 Abbildungen. 1963. (142)
II: Körper mit krummen Begrenzungsflächen. Kotierte Projektionen. 3., durchgesehene Auflage. 129 Seiten, 86 Abbildungen. 1962. (143)
III: Axonometrie und Perspektive. 2., durchgesehene und ergänzte Auflage. 129 Seiten, 100 Abbildungen. 1962. (144)

Analytische Geometrie von *K. P. Grotemeyer*. 2., erweiterte Auflage. 218 Seiten, 73 Abbildungen. 1962. (65/65 a)

Nichteuklidische Geometrie. Hyperbolische Geometrie der Ebene von *R. Baldus* †. Durchgesehen und herausgegeben von *F. Löbell*. 3., verbesserte Auflage. 140 Seiten, 70 Figuren. 1953. (970)

Differentialgeometrie von *K. Strubecker* (früher *Rothe*). 3 Bände.
I: Kurventheorie der Ebene und des Raumes. 150 Seiten, 18 Figuren. 1955. (1113/1113a)
II: Theorie der Flächenmetrik. 195 Seiten, 14 Figuren. 1958. (1179/1179a)
III: Theorie der Flächenkrümmung. 254 Seiten, 38 Figuren. 1959. (1180/1180a)

Variationsrechnung von *L. Koschmieder.* 2 Bände. 2., neubearbeitete Auflage.
I: Das freie und gebundene Extrem einfacher Grundintegrale. 128 Seiten, 23 Figuren. 1962. (1074)
II: Anwendung klassischer Verfahren auf allgemeine Fragen des Extrems. — Neuere unmittelbare Verfahren. In Vorbereitung. (1075)

Einführung in die konforme Abbildung von *L. Bieberbach.* 5., erweiterte Auflage. 180 Seiten, 42 Figuren. 1956. (768/768a)

Vektoren und Matrizen von *S. Valentiner.* 2. Auflage. (9., erweiterte Auflage der „Vektoranalysis"). Mit Anhang: Aufgaben zur Vektorrechnung von *H. König.* 202 Seiten, 35 Figuren. 1960. (354/354a)

Versicherungsmathematik von *F. Böhm.* 2 Bände.
I: Elemente der Versicherungsrechnung. 3., vermehrte und verbesserte Auflage. Durchgesehener Neudruck. 151 Seiten. 1953. (180)
II: Lebensversicherungsmathematik. Einführung in die technischen Grundlagen der Sozialversicherung. 2., verbesserte und vermehrte Auflage. 205 Seiten. 1953. (917/917a)

Finanzmathematik von *M. Nicolas.* 192 Seiten, 11 Tafeln, 8 Tabellen und 72 Beispiele. 1959. (1183/1183a)

Physik

Einführung in die theoretische Physik von *W. Döring.* 5 Bände.
I: Mechanik. 2., verbesserte Auflage. 123 Seiten, 25 Abbildungen. 1960. (76)
II: Das elektromagnetische Feld. 2., verbesserte Auflage. 132 Seiten, 15 Abbildungen. 1962. (77)
III: Optik. 2., verbesserte Auflage. 117 Seiten, 32 Abbildungen. 1963. (78)
IV: Thermodynamik. 107 Seiten, 9 Abbildungen. 1956. (374)
V: Statistische Mechanik. 114 Seiten, 12 Abbildungen. 1957. (1017)

Mechanik deformierbarer Körper von *M. Päsler.* 199 Seiten, 48 Abbildungen. 1960. (1189/1189a)

Atomphysik von *K. Bechert, Ch. Gerthsen †* und *A. Flammersfeld.* 7 Bände.
I: Allgemeine Grundlagen. 1. Teil. 4., durchgesehene Auflage von *A. Flammersfeld.* 124 Seiten, 35 Abbildungen. 1959. (1009)
II: Allgemeine Grundlagen. 2. Teil. 4., umgearbeitete Auflage von *A. Flammersfeld.* Etwa 112 Seiten. 1963. (1033)
III: Theorie des Atombaus. 1. Teil von *K. Bechert.* 4., umgearbeitete Auflage. 148 Seiten, 16 Abbildungen. 1963. (1123/1123a)
IV: Theorie des Atombaus. 2. Teil von *K. Bechert.* 4., umgearbeitete Auflage. 170 Seiten, 14 Abbildungen. 1963. In Vorbereitung. (1165/1165a)

Differentialgleichungen der Physik von *F. Sauter*. 3., durchgesehene und ergänzte Auflage. 148 Seiten, 16 Figuren. 1958. (1070)

Physikalische Formelsammlung von *G. Mahler †*. Neubearbeitet von *H. Graewe*. 11. Auflage. 153 Seiten, 69 Figuren. 1963. (136)

Physikalische Aufgabensammlung von *G. Mahler †*. Neubearbeitet von *K. Mahler*. Mit den Ergebnissen. 11. Auflage. 127 Seiten. 1961. (243)

Chemie

Geschichte der Chemie in kurzgefaßter Darstellung von *G. Lockemann*. 2 Bände.
I: Vom Altertum bis zur Entdeckung des Sauerstoffs. 142 Seiten, 8 Bildnisse. 1950. (264)
II: Von der Entdeckung des Sauerstoffs bis zur Gegenwart. 151 Seiten, 16 Bildnisse. 1955. (265/265a)

Anorganische Chemie von *W. Klemm*. 12., neubearbeitete und erweiterte Auflage. 255 Seiten, 34 Abbildungen. 1962. (37/37a)

Organische Chemie von *W. Schlenk*. 9., erweiterte Auflage. 273 Seiten, 16 Abbildungen. 1963. (38/38a)

Physikalische Methoden in der Organischen Chemie von *G. Kresze*. 2 Bände.
I: 119 Seiten, 65 Abbildungen. 1962. (44)
II: 164 Seiten. 1962. (45/45a)

Allgemeine und physikalische Chemie von *W. Schulze*. 2 Bände.
I: 5., durchgesehene Auflage. 139 Seiten, 10 Figuren. 1960. (71)
II: 5., verbesserte Auflage. 178 Seiten, 37 Figuren. 1961. (698/698a)

Einfache Versuche zur allgemeinen und physikalischen Chemie von *E. Dehn*. 371 Versuche mit 40 Abbildungen. 272 Seiten. 1962. (1201/1201a)

Molekülbau. Theoretische Grundlagen und Methoden der Strukturermittlung von *W. Schulze*. 123 Seiten, 43 Figuren. 1958. (786)

Physikalisch-chemische Rechenaufgaben von *E. Asmus*. 3., verbesserte Auflage. 96 Seiten. 1958. (445)

Maßanalyse. Theorie und Praxis der klassischen und der elektrochemischen Titrierverfahren von *G. Jander* und *K. F. Jahr*. 9., durchgesehene Auflage. 313 Seiten, 49 Figuren. 1961. (221/221a)

Qualitative Analyse von *H. Hofmann* u. *G. Jander*. 308 Seiten, 5 Abbildungen. 1960. (247/247a)

Thermochemie von *W. A. Roth †*. 2., verbesserte Auflage. 109 Seiten, 16 Figuren. 1952. (1057)

Stöchiometrische Aufgabensammlung von *W. Bahrdt †* und *R. Scheer*. Mit den Ergebnissen. 7., durchgesehene Auflage. 119 Seiten. 1960. (452)

Elektrochemie von *K. Vetter*. 2 Bände.
I: 1963. In Vorbereitung. (252)
II: 1963. In Vorbereitung. (253)

Technologie

Die Chemie der Kunststoffe von *K. Hamann*, unter Mitarbeit von *W. Funke* und *H. D. Hermann*. 143 Seiten. 1960. (1173)

Warenkunde von *K. Hassak* und *E. Beutel* †. 2 Bände.
I: Anorganische Waren sowie Kohle und Erdöl. 8. Auflage. Neubearbeitet von *A. Kutzelnigg*. 119 Seiten, 18 Figuren. 1958. (222)
II: Organische Waren. 8. Auflage. Vollständig neubearbeitet von *A. Kutzelnigg*. 157 Seiten, 32 Figuren. 1959. (223)

Die Fette und Öle von *Th. Klug*. 6., verbesserte Auflage. 143 Seiten. 1961. (335)

Die Seifenfabrikation von *K. Braun* †. 3., neubearbeitete und verbesserte Auflage von *Th. Klug*. 116 Seiten, 18 Abbildungen. 1953. (336)

Thermische Verfahrenstechnik von *H. Bock*. 3 Bände.
I: Eigenschaften und Verhalten der realen Stoffe. 1963. Im Druck. (1209/1209a)

Textilindustrie von *A. Blümcke*.
I: Spinnerei und Zwirnerei. 111 Seiten, 43 Abbildungen. 1954. (184)

Biologie

Einführung in die allgemeine Biologie und ihre philosophischen Grund- und Grenzfragen von *M. Hartmann*. 132 Seiten, 2 Abbildungen. 1956. (96)

Hormone von *G. Koller*. 2., neubearbeitete und erweiterte Auflage. 187 Seiten, 60 Abbildungen, 19 Tabellen. 1949. (1141)

Fortpflanzung im Tier- und Pflanzenreich von *J. Hämmerling*. 2., ergänzte Auflage. 135 Seiten, 101 Abbildungen. 1951. (1138)

Geschlecht und Geschlechtsbestimmung im Tier- und Pflanzenreich von *M. Hartmann*. 2., verbesserte Auflage. 116 Seiten, 61 Abbildungen, 7 Tabellen. 1951. (1127)

Symbiose der Tiere mit pflanzlichen Mikroorganismen von *P. Buchner*. 2., verbesserte und vermehrte Auflage. 130 Seiten, 121 Abbildungen. 1949. (1128)

Grundriß der Allgemeinen Mikrobiologie von *W.* u. *A. Schwartz*. 2 Bände. 2., verbesserte und ergänzte Auflage.
I: 147 Seiten, 25 Abbildungen. 1960. (1155)
II: 142 Seiten, 29 Abbildungen. 1961. (1157)

Botanik

Entwicklungsgeschichte des Pflanzenreiches von *H. Heil*. 2. Auflage. 138 Seiten, 94 Abbildungen, 1 Tabelle. 1950. (1137)

Morphologie der Pflanzen von *L. Geitler*., 3., umgearbeitete Auflage. 126 Seiten, 114 Abbildungen. 1953. (141)

Pflanzengeographie von *L. Diels* †. 5., völlig neubearbeitete Auflage von *F. Mattick*. 195 Seiten, 2 Karten. 1958. (389/389a)

Die Laubhölzer. Kurzgefaßte Beschreibung der in Mitteleuropa gedeihenden Laubbäume und Sträucher von *F. W. Neger* † und *E. Münch* †. 3., durchgesehene Auflage, herausgegeben von *B. Huber*. 143 Seiten, 63 Figuren, 7 Tabellen. 1950. (718)

Die Nadelhölzer (Koniferen) und übrigen Gymnospermen von *F. W. Neger* † und *E. Münch* †. 4. Auflage, durchgesehen und ergänzt von *B. Huber*. 140 Seiten, 75 Figuren, 4 Tabellen, 3 Karten. 1952. (355)

Pflanzenzüchtung von *H. Kuckuck*. 2 Bände.
I: Grundzüge der Pflanzenzüchtung. 3., völlig umgearbeitete und erweiterte Auflage. 132 Seiten, 22 Abbildungen. 1952. (1134)
II: Spezielle gartenbauliche Pflanzenzüchtung (Züchtung von Gemüse, Obst und Blumen). 178 Seiten, 27 Abbildungen. 1957. (1178/1178a)

Zoologie

Entwicklungsphysiologie der Tiere von *F. Seidel*. 2 Bände.
I: Ei und Furchung. 126 Seiten, 29 Abbildungen. 1953. (1162)
II: Körpergrundgestalt und Organbildung. 159 Seiten, 42 Abbildungen. 1953. (1163)

Das Tierreich
I: Einzeller, Protozoen von *E. Reichenow*. 115 Seiten. 59 Abbildungen. 1956. (444)
II: Schwämme und Hohltiere von *H. J. Hannemann*. 95 Seiten, 80 Abbildungen. 1956. (442)
III: Würmer. Platt-, Hohl-, Schnurwürmer, Kamptozoen, Ringelwürmer, Protracheaten, Bärtierchen, Zungenwürmer von *S. Jaeckel*. 114 Seiten, 36 Abbildungen. 1955. (439)
IV, 1: Krebse von *H. E. Gruner* und *K. Deckert*. 114 Seiten, 43 Abbildungen. 1956. (443)
IV, 2: Spinnentiere (Trilobitomorphen, Fühlerlose) und Tausendfüßler von *A. Kaestner*. 96 Seiten, 55 Abbildungen. 1955. (1161)
IV, 3: Insekten von *H. von Lengerken*. 128 Seiten, 58 Abbildungen. 1953. (594)
V: Weichtiere. Urmollusken, Schnecken, Muscheln und Kopffüßer von *S. Jaeckel*. 92 Seiten. 34 Figuren. 1954. (440)
VI: Stachelhäuter. Tentakulaten, Binnenatmer und Pfeilwürmer von *S. Jaeckel*. 100 Seiten, 46 Abbildungen. 1955. (441)
VII, 1: Manteltiere, Schädellose, Rundmäuler von *Th. Haltenorth*. In Vorbereitung. (448)
VII, 2: Fische von *D. Lüdemann*. 130 Seiten, 65 Abbildungen. 1955. (356)
VII, 3: Lurche (Chordatiere) von *K. Herter*. 143 Seiten, 129 Abbildungen. 1955. (847)
VII, 4: Kriechtiere (Chordatiere) von *K. Herter*. 200 Seiten, 42 Abbildungen. 1960. (447/447a)
VII, 5: Vögel (Chordatiere) von *H.-A. Freye*. 156 Seiten, 69 Figuren. 1960. (869)
VII, 6: Säugetiere (Chordatiere) von *Th. Haltenorth*. In Vorbereitung. (282)

Land- und Forstwirtschaft

Landwirtschaftliche Tierzucht. Die Züchtung und Haltung der landwirtschaftlichen Nutztiere von *H. Vogel.* 139 Seiten, 11 Abbildungen. 1952. (228)

Kulturtechnische Bodenverbesserungen von *O. Fauser.* 2 Bände. 5., verbesserte und vermehrte Auflage.

I: Allgemeines, Entwässerung. 127 Seiten, 49 Abbildungen. 1959. (691)

II: Bewässerung, Ödlandkultur, Flurbereinigung. 159 Seiten, 71 Abbildungen. 1961. (692)

Agrikulturchemie von *K. Scharrer.* 2 Bände.

I: Pflanzenernährung. 143 Seiten. 1953. (329)

II: Futtermittelkunde. 192 Seiten. 1956. (330/330a)

Geologie, Mineralogie, Kristallographie

Geologie von *F. Lotze.* 2., verbesserte Auflage. 178 Seiten, 80 Abbildungen. 1961. (13)

Erzkunde von *H. von Philipsborn.* In Vorbereitung. (1207)

Mineral- und Erzlagerstättenkunde von *H. Huttenlocher †.* 2 Bände.

I: 2. Auflage. 128 Seiten, 34 Abbildungen. In Vorbereitung. (1014)

II: 156 Seiten, 48 Abbildungen. 1954. (1015/1015a)

Allgemeine Mineralogie. 11., erweiterte Auflage der „Mineralogie" von *R. Brauns †,* bearbeitet von *K. F. Chudoba.* 152 Seiten, 143 Textfiguren, 1 Tafel, 3 Tabellen. 1963. (29/29a)

Spezielle Mineralogie. 10., erweiterte Auflage der „Mineralogie„ von *R. Brauns †,* bearbeitet von *K. F. Chudoba.* 170 Seiten, 125 Textfiguren, 4 Tabellen. 1959. (31/31a)

Petrographie (Gesteinskunde) von *W. Bruhns †.* Neubearbeitet von *P. Ramdohr.* 5., erweiterte Auflage. 141 Seiten, 10 Figuren. 1960. (173)

Kristallographie von *W. Bruhns †.* 5. Auflage, neubearbeitet von *P. Ramdohr.* 109 Seiten, 164 Abbildungen. 1958. (210)

Einführung in die Kristalloptik von *E. Buchwald.* 5., verbesserte Auflage. Etwa 138 Seiten, 117 Figuren. 1963. In Vorbereitung. (619)

Lötrohrprobierkunde. Mineraldiagnose mit Lötrohr und Tüpfelreaktion von *M. Henglein.* 4., durchgesehene und erweiterte Auflage. 108 Seiten, 12 Figuren. 1962. (483)

Technik

Graphische Darstellung in Wissenschaft und Technik von *M. Pirani.* 3., erweiterte Auflage bearbeitet von *J. Fischer* unter Benutzung der von *I. Runge* besorgten 2. Auflage. 216 Seiten, 104 Abbildungen. 1957. (728/728a)

Technische Tabellen und Formeln von *W. Müller.* 5., verbesserte und erweiterte Auflage von *E. Schulze.* 165 Seiten, 114 Abbildungen, 99 Tafeln. 1962. (579)

Grundlagen der Straßenverkehrstechnik. Theorie der Leistungsfähigkeit von *E. Engel.* 101 Seiten, 55 Abbildungen. 1962. (1198)

Elektrotechnik

Grundlagen der allgemeinen Elektrotechnik von *O. Mohr.* 2., durchgesehene Auflage. 260 Seiten, 136 Bilder, 14 Tafeln. 1961. (196/196a)

Die Gleichstrommaschine von *K. Humburg.* 2 Bände. 2., durchgesehene Auflage.
I: 102 Seiten, 59 Abbildungen. 1956. (257)
II: 101 Seiten, 38 Abbildungen. 1956. (881)

Die Synchronmaschine von *W. Putz.* 92 Seiten, 64 Bilder. 1962. (1146)

Induktionsmaschinen von *F. Unger.* 2., erweiterte Auflage. 142 Seiten, 49 Abbildungen. 1954. (1140)

Die komplexe Berechnung von Wechselstromschaltungen von *H. H. Meinke.* 3. Auflage. 180 Seiten, 120 Abbildungen. 1963. In Vorbereitung. (1156/1156a)

Theoretische Grundlagen zur Berechnung der Schaltgeräte von *F. Kesselring.* 3. Auflage. 144 Seiten, 92 Abbildungen. 1950. (711)

Einführung in die Technik selbsttätiger Regelungen von *W. zur Megede.* 2., durchgesehene Auflage. 180 Seiten, 86 Abbildungen. 1961. (714/714a)

Elektromotorische Antriebe (Grundlagen für die Berechnung) von *A. Schwaiger.* 3., neubearbeitete Auflage. 96 Seiten, 34 Abbildungen. 1952. (827)

Überspannungen und Überspannungsschutz von *G. Frühauf.* Durchgesehener Neudruck. 122 Seiten, 98 Abbildungen. 1950. (1132)

Elektrische Höchstspannungs-Schaltanlagen von *G. Meiners* und *K. H. Wiesenewsky.* 1963. In Vorbereitung. (796)

Transformatoren von *W. Schäfer.* 4., überarbeitete und ergänzte Auflage. 130 Seiten, 73 Abbildungen. 1962. (952)

Maschinenbau

Metallkunde von *H. Borchers*. 3 Bände. 5. Auflage.
I: Aufbau der Metalle und Legierungen. 120 Seiten, 90 Abbildungen, 2 Tabellen. 1962. (432)
II: Eigenschaften, Grundzüge der Form- und Zustandsgebung. Etwa 180 Seiten, 107 Abbildungen, 10 Tabellen. 1963. (433/433a)
III: Die metallkundlichen Untersuchungsmethoden von *E. Hanke*. In Vorbereitung. (434)

Die Werkstoffe des Maschinenbaues von *A. Thum †* und *C. M. v. Meysenbug*. 2 Bände.
I: Einführung in die Werkstoffprüfung. 2., neubearbeitete Auflage. 100 Seiten, 7 Tabellen, 56 Abbildungen. 1956. (476)
II: Die Konstruktionswerkstoffe. 132 Seiten, 40 Abbildungen. 1959. (936)

Dynamik von *W. Müller*. 2 Bände. 2., verbesserte Auflage.
I: Dynamik des Einzelkörpers. 128 Seiten, 48 Figuren. 1952. (902)
II: Systeme von starren Körpern. 102 Seiten, 41 Figuren. 1952. (903)

Technische Schwingungslehre von *L. Zipperer*. 2 Bände. 2., neubearbeitete Auflage.
I: Allgemeine Schwingungsgleichungen, einfache Schwinger. 120 Seiten, 101 Abbildungen. 1953. (953)
II: Torsionsschwingungen in Maschinenanlagen. 102 Seiten, 59 Abbildungen. 1955. (961/961a)

Werkzeugmaschinen für Metallbearbeitung von *K. P. Matthes*. 2 Bände.
I: 100 Seiten, 27 Abbildungen, 11 Zahlentafeln, 1 Tafelanhang. 1954. (561)
II: Fertigungstechnische Grundlagen der neuzeitlichen Metallbearbeitung. 101 Seiten, 30 Abbildungen, 5 Tafeln. 1955. (562)

Das Maschinenzeichnen mit Einführung in das Konstruieren von *W. Tochtermann*. 2 Bände. 4. Auflage.
I: Das Maschinenzeichnen. 156 Seiten, 75 Tafeln. 1950. (589)
II: Ausgeführte Konstruktionsbeispiele. 130 Seiten, 58 Tafeln. 1950. (590)

Die Maschinenelemente von *E. A. vom Ende †*. 4., überarbeitete Auflage. 184 Seiten, 179 Figuren, 11 Tafeln. 1963. (3/3a)

Die Maschinen der Eisenhüttenwerke von *L. Engel*. 156 Seiten, 95 Abbildungen. 1957. (583/583a)

Walzwerke von *H. Sedlaczek †* unter Mitarbeit von *F. Fischer* und *M. Buch*. 232 Seiten, 157 Abbildungen. 1958. (580/580a)

Getriebelehre von *P. Grodzinski †*. 2 Bände. 3., neubearbeitete Auflage von *G. Lechner*.
I: Geometrische Grundlagen. 164 Seiten, 131 Figuren. 1960. (1061)
II: Angewandte Getriebelehre. In Vorbereitung. (1062)

Kinematik von *H. R. Müller*. 171 Seiten, 75 Figuren. 1963. (584/584a)

Gießereitechnik von *H. Jungbluth*. 2 Bände.
I: Eisengießerei. 126 Seiten, 44 Abbildungen. 1951. (1159)

Die Dampfturbinen. Ihre Wirkungsweise, Berechnung und Konstruktion von *C. Zietemann*. 3 Bände.
I: Theorie der Dampfturbinen. 4. Auflage. 139 Seiten, 48 Abbildungen. 1963. In Vorbereitung. (274)
II: Die Berechnung der Dampfturbinen und die Konstruktion der Einzelteile. 3., verbesserte Auflage. 132 Seiten, 111 Abbildungen. 1956. (715)
III: Die Regelung der Dampfturbinen, die Bauarten, Turbinen für Sonderzwecke, Kondensationsanlagen. 3., verbesserte Auflage. 126 Seiten, 90 Abbildungen. 1956. (716)

Verbrennungsmotoren von *W. Endres*. 3 Bände.
I: Überblick. Motor-Brennstoffe. Verbrennung im Motor allgemein, im Otto- und Diesel-Motor. 153 Seiten, 57 Abbildungen. 1958. (1076/1076a)
II: Die heutigen Typen der Verbrennungskraftmaschine. In Vorbereitung. (1184)
III: Die Einzelteile des Verbrennungsmotors. In Vorbereitung. (1185)

Autogenes Schweißen und Schneiden von *H. Niese*. 5. Auflage, neubearbeitet von *A. Küchler*. 136 Seiten, 71 Figuren. 1953. (499)

Die elektrischen Schweißverfahren von *H. Niese*. 2. Auflage, neubearbeitet von *H. Dienst*. 136 Seiten, 58 Abbildungen. 1955. (1020)

Die Hebezeuge. Entwurf von Winden und Kranen von *G. Tafel*. 2., verbesserte Auflage. 176 Seiten, 230 Figuren. 1954. (414/414a)

Wasserbau

Wasserkraftanlagen von *A. Ludin* unter Mitarbeit von *W. Borkenstein*. 2 Bände.
I: Planung, Grundlagen und Grundzüge. 124 Seiten, 60 Abbildungen. 1955. (665)
II: Anordnung und Ausbildung der Hauptbauwerke. 184 Seiten, 91 Abbildungen. 1958. (666/666a)

Verkehrswasserbau von *H. Dehnert*. 3 Bände.
I: Entwurfsgrundlagen, Flußregelungen. 103 Seiten, 53 Abbildungen. 1950. (585)
II: Flußkanalisierung und Schiffahrtskanäle. 94 Seiten, 60 Abbildungen. 1950. (597)
III: Schleusen und Hebewerke. 98 Seiten, 70 Abbildungen. 1950. (1152)

Wehr- und Stauanlagen von *H. Dehnert*. 134 Seiten, 90 Abbildungen. 1952. (965)

Talsperren von *F. Tölke*. 122 Seiten, 70 Abbildungen. 1953. (1044)

Vermessungswesen

Vermessungskunde von *W. Grossmann*. 3 Bände.

I: Stückvermessung und Nivellieren. 11., verbesserte Auflage. 144 Seiten, 117 Figuren. 1962. (468)

II: Horizontalaufnahmen und ebene Rechnungen. 9. Auflage. Etwa 133 Seiten, 97 Figuren. 1963. In Vorbereitung. (469)

III: Trigonometrische und barometrische Höhenmessung. Tachymetrie und Absteckungen. 7., völlig neubearbeitete Auflage. 136 Seiten, 97 Figuren. 1960. (862)

Kartographie von *V. Heissler*. 213 Seiten, 125 Abbildungen, 8 Anlagen. 1962. (30/30a)

Photogrammetrie von *G. Lehmann*. 189 Seiten, 132 Abbildungen. 1959. (1188/1188a)

Hoch- und Tiefbau

Die wichtigsten Baustoffe des Hoch- und Tiefbaus von *O. Graf* †. 4., verbesserte Auflage. 131 Seiten, 63 Abbildungen. 1953. (984)

Baustoffverarbeitung und Baustellenprüfung des Betons von *A. Kleinlogel*. 2., neubearbeitete und erweiterte Auflage. 126 Seiten, 35 Abbildungen. 1951. (978)

Festigkeitslehre. 2 Bände.

I: Elastizität, Plastizität und Festigkeit der Baustoffe und Bauteile von *W. Gehler* † und *W. Herberg*. Durchgesehener und erweiterter Neudruck. 159 Seiten, 118 Abbildungen. 1952. (1144)

II: Formänderung, Platten, Stabilität und Bruchhypothesen von *W. Herberg* und *N. Dimitrov*. 187 Seiten, 94 Abbildungen. 1955. (1145/1145a)

Grundlagen des Stahlbetonbaus von *A. Troche*. 2., neubearbeitete und erweiterte Auflage. 208 Seiten, 75 Abbildungen, 17 Bemessungstafeln, 20 Rechenbeispiele. 1953. (1078)

Statik der Baukonstruktionen von *A. Teichmann*. 3 Bände.

I: Grundlagen. 101 Seiten, 51 Abbildungen, 8 Formeltafeln. 1956. (119)

II: Statisch bestimmte Stabwerke. 107 Seiten, 52 Abbildungen, 7 Tafeln. 1957. (120)

III: Statisch unbestimmte Systeme. 112 Seiten, 34 Abbildungen, 7 Formeltafeln. 1958. (122)

Fenster, Türen, Tore aus Holz und Metall. Eine Anleitung zu ihrer guten Gestaltung, wirtschaftlichen Bemessung und handwerksgerechten Konstruktion von *W. Wickop †*. 4., überarbeitete und ergänzte Auflage. 155 Seiten, 95 Abbildungen. 1955. (1092)

Heizung und Lüftung von *W. Körting*. 2 Bände. 9., neubearbeitete Auflage.
I: Das Wesen und die Berechnung der Heizungs- und Lüftungsanlagen. 171 Seiten, 29 Abbildungen, 36 Zahlentafeln. 1962. (342/342a)
II: Die Ausführung der Heizungs- und Lüftungsanlagen. 1963. In Vorbereitung. (343)

Industrielle Kraft- und Wärmewirtschaft von *F. A. F. Schmidt* und *A. Beckers*. 167 Seiten, 73 Abbildungen. 1957. (318/318a)

Sammlung Göschen / Bandnummernfolge

1 Langosch, Der Nibelunge Nôt
3/3a v. Ende, Maschinenelemente
10 Jiriczek-Wisniewski, Kudrun- und Dietrich-Epen
13 Lotze, Geòlogie
18 Maurer, Hartmann von Aue. Der arme Heinrich
19 Altheim, Römische Geschichte I
20 Hofstaetter, Dt. Sprachlehre
22 Maurer, Gottfried von Strassburg
29/29a Brauns-Chudoba, Allgemeine Mineralogie
30/30a Heissler, Kartographie
31/31a Brauns-Chudoba, Spezielle Mineralogie
35 Treue,. Dt. Geschichte von 1648—1740
37/37a Klemm, Anorganische Chemie
38/38a Schlenk, Organische Chemie
39 Treue, Dt. Geschichte von 1713—1806
42 Behn-Hoernes, Vorgeschichte Europas
44 Kresze, Physikalische Methoden in der Organischen Chemie I
45/45a Kresze, Physikalische Methoden in der Organischen Chemie II
47 Fischer-Rohrbach, Arithmetik
51/51a Ringleb, Mathem. Formelsammlung
52 Bieler, Röm. Literaturgesch. I
59 Krahe, Indog. Sprachwiss. I
60 Biehle, Stimmkunde
61 Biele, Redetechnik
64 Krahe, Indog. Sprachwiss. II
65/65a Grotemeyer, Analyt. Geometrie
66 Berneker-Vasmer, Russische Grammatik
70 Nestle-Liebich, Gesch. d. griechischen Literatur I
71 Schulze, Allgemeine und physikalische Chemie I
76 Döring, Einf. i. d. th. Physik I
77 Döring, Einf. i. d. th. Physik II
78 Döring, Einf. i. d. th. Physik III
79/79a Hempel, Got. Elementarbuch
80 Weigert, Stilkunde I
81 Schubert-Haussner-Erlebach, Vierstell. Logarithmentafeln
86/86a Barner, Differential- u. Integralrechnung I
96 Hartmann, Einf. in die allgem. Biologie
99 Hessenberg-Kneser, Ebene und sphär. Trigonometrie
101 v. Wiese, Soziologie
103 Dahrendorf, Industrie- und Betriebssoziologie
104/104a Hofstätter, Sozialpsychologie
111 Hoffmann-Debrunner, Gesch. der griechischen Sprache I
114 Debrunner, Gesch. der griechischen Sprache II
117 Brandenstein, Griechische Sprachwissenschaft I
118/118a Brandenstein, Griechische Sprachwissenschaft II
119 Teichmann, Statik der Baukonstruktionen I
120 Teichmann, Statik der Baukonstruktionen II
122 Teichmann, Statik der Baukonstruktionen III
125 Vossler-Noyer-Weidner, Ital. Literaturgeschichte
128/128a Lausberg, Romanische Sprachwissenschaft I

136 Mahler-Graewe, Physikal. Formelsammlung
141 Geitler, Morphologie der Pflanzen
142 Haack, Darst. Geometrie I
143 Haack, Darst. Geometrie II
144 Haack, Darst. Geometrie III
145 Weimer, Gesch. der Pädagogik
148 Kolms, Finanzwissenschaft I
156/156a Landmann, Philosophische Anthropologie
170 Oehlmann, Musik des 19. Jhs.
171/171a Oehlmann, Musik des 20. Jhs.
173 Bruhns-Ramdohr, Petrographie
174 Schlingloff, Religion des Buddhismus I
180 Böhm, Versicherungsmathematik I
184 Blümcke, Textilindustrie I
196/196a Mohr, Grundlagen der allgem. Elektrotechnik
200/200a Gottschald, Dt. Rechtschreibungswörterbuch
210 Bruhns-Ramdohr, Kristallographie
220/220a Moser, Allg. Musiklehre
221/221a Jander-Jahr, Maßanalyse
222 Hassak-Beutel-Kutzelnigg, Warenkunde I
223 Hassak-Beutel-Kutzelnigg, Warenkunde II
226/226a Hofmann, Gesch. der Mathematik I
228 Vogel, Landw. Tierzucht
231/231a Ehrlich, Gesch. Israels
238 Krahe, Germ. Sprachwiss. I
243 Mahler, Physikal. Aufgabensammlung
247/247a Hofmann-Jander, Qualitative Analyse
250 Lausberg, Romanische Sprachwissenschaft II
252 Vetter, Elektrochemie I
253 Vetter, Elektrochemie II
257 Humburg, Gleichstrommaschine I
264 Lockemann, Gesch. der Chemie I
265/265a Lockemann, Geschichte der Chemie II
270 Kirn, Einführung in die Geschichtswissenschaft
274 Zietemann, Dampfturbinen I
279 Jacob-Hohenleutner, Quellenkunde der deutschen Geschichte I
280 Jacob-Hohenleutner, Quellenkunde der deutschen Geschichte II
281 Leisegang, Einführung in die Philosophie
282 Haltenorth, Säugetiere
284 Jacob-Weden, Quellenkunde der deutschen Geschichte III
318/318a Schmidt-Beckers, Industrielle Kraft- u. Wärmewirtschaft
319 Krug, Australien und Ozeanien
329 Scharrer, Agrikulturchemie I
330/330a Scharrer, Agrikulturchemie II
335 Klug, Fette und Öle
336 Braun-Klug, Seifenfabrikation
342/342a Körting, Heizung und Lüftung I
343 Körting, Heizung und Lüftung II
344 Moser, Musikästhetik
354/354a Valentiner-König, Vektoren und Matrizen
355 Neger-Münch-Huber, Nadelhölzer
356 Lüdemann, Fische
374 Döring, Einführung in die theoret. Physik IV
375 Preller, Geschichte Englands I
389/389a Diels-Mattick, Pflanzengeographie
391 Kolms, Finanzwissenschaft II
394/394a Schilling, Von der Renaissance bis Kant
414/414a Tafel, Hebezeuge
422 Gottschald, Dt. Personennamen
423 Adler-Erlebach, Fünfstellige Logarithmen
432 Borchers, Metallkunde I
433/433a Borchers, Metallkunde II
434 Borchers-Hanke, Metallkunde III

435 Burau, Algebr. Kurven u. Flächen I
436/436a Burau, Algebr. Kurven und Flächen II
439 Jaeckel, Würmer
440 Jaeckel, Weichtiere
441 Jaeckel, Stachelhäuter
442 Hannemann, Schwämme und Hohltiere
443 Gruner-Deckert, Krebse
444 Reichenow, Einzeller
445 Asmus, Physikal.-chem. Rechenaufgaben
447/447a Herter, Kriechtiere
448 Haltenorth, Manteltiere
452 Bahrdt-Scheer, Stöchiometrische Aufgabensammlung
468 Grossmann, Vermessungskunde I
469 Grossmann, Vermessungskunde II
476 Thum-Meysenbug, Die Werkstoffe des Maschinenbaues I
483 Henglein, Lötrohrprobierkunde
492 Stolz-Debrunner, Geschichte der lateinischen Sprache
499 Niese-Küchler, Autogenes Schweißen
500 Simmel, Hauptprobleme der Philosophie
536 Lehmann, Kant
538 Rumpf, Archäologie I
539 Rumpf, Archäologie II
557 Nestle-Liebich, Gesch. der griech. Literatur II
561 Matthes, Werkzeugmaschinen I
562 Matthes, Werkzeugmaschinen II
564 Behn-Hoernes, Kultur der Urzeit I
565 Behn-Hoernes, Kultur der Urzeit II
566 Behn-Hoernes, Kultur der Urzeit III
571 Lehmann, Philosophie des 19. Jahrhunderts I
576/576a Moser, Gesangskunst
579 Müller-Schulze, Techn. Tabellen
580/580a Sedlaczek-Fischer-Buch, Walzwerke
583/583a Engel, Maschinen der Eisenhüttenwerke
584/584a Müller, Kinematik
585 Dehnert, Verkehrswasserbau I
587 Kalitsunakis-Steinmetz, Neugriech.-dt. Gesprächsbuch
589 Tochtermann, Maschinenzeichnen I
590 Tochtermann, Maschinenzeichnen II
594 v. Lengerken, Insekten
597 Dehnert, Verkehrswasserbau II
601 Mutschmann, Engl. Phonetik
619 Buchwald, Kristalloptik
665 Ludin-Borkenstein, Wasserkraftanlagen I
666/666a Ludin-Borkenstein, Wasserkraftanlagen II
668 Knopp, Funktionentheorie I
677 Altheim, Röm. Geschichte II
679 Altheim, Röm. Geschichte III
684 Altheim, Röm. Geschichte IV
691 Fauser, Kulturtechn. Bodenverbesserungen I
692 Fauser, Kulturtechn. Bodenverbesserungen II
698/698a Schulze, Allgemeine u. physikalische Chemie II
703 Knopp, Funktionentheorie II
709 Lehmann, Philosophie des 19. Jahrhunderts II
711 Kesselring, Berechnung der Schaltgeräte
714/714a zur Megede, Technik selbsttätiger Regelungen
715 Zietemann, Dampfturbinen II
716 Zietemann, Dampfturbinen III
718 Neger-Münch-Huber, Laubhölzer
728/728a Pirani-Fischer-Runge, Graph. Darstellung in Wissenschaft u. Technik
735 Ekwall, Historische neuengl. Laut- und Formenlehre
746/746a Pfanzagl, Allg. Methodenlehre der Statistik I
747/747a Pfanzagl, Allg. Methodenlehre der Statistik II
756/756a Kalitsunakis, Gramm. d. Neugriech. Volksspr.

763/763a Beer-Meyer, Hebräische Grammatik I
764/764a Beer-Meyer, Hebräische Grammatik II
768/768a Bieberbach, Einführung in die konforme Abbildung
769/769a Beer-Meyer, Hebräisches Textbuch
770 Schlingloff, Religion des Buddhismus II
776 Kolms, Finanzwissensch. III
780 Krahe, German. Sprachwiss. II
781 Weigert, Stilkunde II
782 Kolms, Finanzwissensch. IV
786 Schulze, Molekülbau
796 Meiners-Wiesenewsky, Elektr. Höchstspannungs-Schaltanlagen
807 Kropp, Erkenntnistheorie
809 Moser, Harmonielehre I
826 Koch, Philosophie d. Mittelalters
827 Schwaiger, Elektromotorische Antriebe
831 Erismann, Allg. Psychologie I
832/382a Erismann, Allg. Psychologie II
833 Erismann, Allg. Psychologie III
834/834a Erismann, Allg. Psychologie IV
837 Baumgartner, Gruppentheorie
845 Lehmann, Philosophie im ersten Drittel des 20. Jhs. I
847 Herter, Lurche
850 Lehmann, Philosophie im ersten Drittel des 20. Jhs. II
851/851a Moede, Psychologie des Berufs- und Wirtschaftslebens
857 Capelle, Griech. Philosophie I
858 Capelle, Griech. Philos. II
859 Capelle, Griech. Philos. III
862 Grossmann, Vermessungskunde III
863 Capelle, Griech. Philos. IV
866 Bieler, Röm. Literaturgeschichte II
869 Freye, Vögel
875 Hofmann, Geschichte der Mathematik II
877 Knopp, Aufgabensammlung zur Funktionentheorie I
878 Knopp, Aufgabensammlung zur Funktionentheorie II
881 Humburg, Gleichstrommaschine II
882 Hofmann, Geschichte der Mathematik III
883 Stuloff, Mathematik der neuesten Zeit
893 Treue, Dt. Geschichte von 1806—1890
894 Treue, Dt. Geschichte von 1890 bis zur Gegenwart
902 Müller, Dynamik I
903 Müller, Dynamik II
910 Jaeger, Afrika I
911 Jaeger, Afrika II
915 Sperber-Fleischhauer, Gesch. der Deutschen Sprache
917/917a Böhm, Versicherungsmathematik II
920 Hoheisel, Gewöhnliche Differentialgleichungen
921 Jantzen-Kolb, W. v. Eschenbach. Parzival
929 Schirmer-Mitzka, Dt. Wortkunde
930 Krull, Elementare und klassische Algebra I
931 Hasse, Höhere Algebra I
932 Hasse, Höhere Algebra II
933 Krull, Elementare und klassische Algebra II
936 Thum-Meysenbug, Werkstoffe d. Maschinenbaues II
952 Schäfer, Transformatoren
953 Zipperer, Techn. Schwingungslehre I
961/691a Zipperer, Techn. Schwingungslehre II
965 Dehnert, Wehr- und Stauanlagen
970 Baldus-Löbell, Nichteuklidische Geometrie
978 Kleinlogel, Baustoffverarbeitung und Baustellenprüfung d. Betons
984 Graf, Baustoffe des Hoch- und Tiefbaues
999/999a Kamke, Mengenlehre

1000 Jaspers, Geistige Situat. der Zeit
1003 Hoheisel, Partielle Differentialgleichung
1008/1008a Mellerowicz, Allgem. Betriebswirtschaftslehre I
1009 Bechert-Gerthsen-Flammersfeld, Atomphysik I
1014 Huttenlocher, Mineral- und Erzlagerstättenkunde I
1015/1015a Huttenlocher, Mineral- u. Erzlagerstättenkunde I
1017 Döring, Einführung in die theoret. Physik V
1020 Niese-Dienst, Elektrische Schweißverfahren
1031/1031a Apel-Ludz, Philosophisches Wörterbuch
1033 Bechert-Gerthsen-Flammersfeld, Atomphysik II
1034 Kranefeldt-Jung, Therapeutische Psychologie
1035 Altheim, Röm. Religionsgeschichte I
1039 Dovifat, Zeitungslehre I
1040 Dovifat, Zeitungslehre II
1044 Tölke, Talsperren
1045 Schubert, Technik des Klavierspiels
1051/1051a Stolberg-Wernigerode, Gesch. d. Vereinigten Staaten
1052 Altheim, Röm. Religionsgeschichte II
1057 Roth, Thermochemie
1059 Hoheisel, Aufgabenslg z. d. gew. u. part. Differentialgl.
1061 Grodzinski-Lechner, Getriebelehre I
1062 Grodzinski-Lechner, Getriebelehre II
1065 Haller-Dannenbauer, Von d. Karolingern zu den Staufern
1070 Sauter, Differentialgleichungen der Physik
1074 Koschmieder, Variationsrechnung I
1075 –, Variationsrechnung II
1076/1076a Endres, Verbrennungsmotoren I
1077 Haller-Dannenbauer, Von den Staufern zu den Habsburgern
1078 Troche, Stahlbetonbau
1082 Hasse-Klobe, Aufgabensammlung zur höheren Algebra
1085 Lietzmann-Aland, Zeitrechnung
1086 Müller, Dt. Dichten und Denken
1088 Preller, Gesch. Englands II
1092 Wickop, Fenster, Türen, Tore
1094 Hernried, System. Modulation
1096 Viëtor, Dt. Dichten und Denken
1099 Hoheisel, Integralgleichungen
1105 Hartung, Dt. Geschichte im Zeitalter der Reformation
1108 de Boor-Wisniewski, Mittelhochdeutsche Grammatik
1109 Knopp, Elemente der Funktionentheorie
1111/1111a Naumann-Betz, Althochdt. Elementarbuch
1113/1113a Strubecker, Differentialgeometrie I
1114 Schubel, Engl. Literaturgeschichte I
1115 Ranke, Altnord. Elementarbuch
1116 Schubel, Engl. Literaturgeschichte II
1117 Haller-Dannenbauer, Eintritt der Germanen in die Geschichte
1121 Naumann, Dt. Dichten u. Denken
1122 Feist, Sprechen und Sprachpflege
1123/1123a Bechert-Gerthsen-Flammersfeld, Atomphysik III
1124 Schubel, Engl. Literaturgeschichte III
1125 Lehnert, Altengl. Elementarbuch
1127 Hartmann, Geschlecht u. Geschlechtsbestimmung im Tier- und Pflanzenreich
1128 Buchner, Symbiose der Tiere
1130 Dibelius-Kümmel, Jesus
1131 Scholz-Schoeneberg, Einführung in die Zahlentheorie
1132 Frühauf, Überspannungen

1134 Kuckuck, Pflanzenzüchtung I
1135 Lehnert, Beowulf
1137 Heil, Entwicklungsgesch. d. Pflanzenreiches
1138 Hämmerling, Fortpflanzung im Tier- und Pflanzenreich
1140 Unger, Induktionsmaschine
1141 Koller, Hormone
1142 Meissner-Lehnert, Shakespeare
1144 Gehler-Herberg, Festigkeitslehre I
1145/1145a Herberg-Dimitrov, Festigkeitslehre II
1146 Putz, Synchronmaschine
1147 v. Waltershausen, Kunst d. Dirigierens
1148 Pepping, Der polyphone Satz I
1152 Dehnert, Verkehrswasserbau III
1153/1153a Mellerowicz, Allgem. Betriebswirtschaftslehre II
1154/1154a Mellerowicz, Allgem. Betriebswirtschaftslehre III
1155 Schwartz, Mikrobiologie I
1156/1156a Meinke, Komplexe Berechnungen v. Wechselstromschaltungen
1157 Schwartz, Mikrobiologie II
1158 Mayrhofer, Sanskrit-Grammatik
1159 Jungbluth, Gießereitechnik I
1160 Dibelius-Kümmel, Paulus
1161 Kaestner, Spinnentiere
1162 Seidel, Entwicklungsphysiologie der Tiere I
1163 Seidel, Entwicklungsphysiologie der Tiere II
1164/1164a Pepping, Der polyphone Satz II
1165/1165a Bechert-Gerthsen-Flammersfeld, Atomphysik IV
1169 Paulsen, Allgemeine Volkswirtschaftslehre I
1170 Paulsen, II
1171 Paulsen, III
1172 Paulsen, IV
1173 Hamann-Funke-Hermann, Chemie der Kunststoffe
1176/1176a Lorenzen, Form. Logik
1178/1178a Kuckuck, Pflanzenzüchtung II
1179/1179a Strubecker, Differentialgeometrie II
1180/1180a Strubecker, Differentialgeometrie III
1181 Franz, Topologie I
1182 Franz, Topologie II
1183/1183a Nicolas, Finanzmathematik
1184 Endres, Verbrennungsmotoren II
1185 Endres, Verbrennungsmotoren III
1186/1186a Mellerowicz, Allgem. Betriebswirtschaftslehre IV
1187 Lau, Luther
1188/1188a Lehmann, Photogrammetrie
1189/1189a Päsler, Mechanik
1190 Stupperich, Melanchthon
1191/1191a Bräuer, Slav. Sprachwissenschaft I
1193 Fürstenberg, Wirtschaftssoziologie
1194 Wendt, Gesch. d. Volkswirtschaftslehre
1195 Ohm, Allgem. Volkswirtschaftspolitik I
1196 Ohm, — II
1197/1197a Onasch, Einf. in die Konfessionskunde der orthodoxen Kirchen
1198 Engel, Straßenverkehrstechnik
1199 Lausberg, Romanische Sprachwissenschaft III, 1. Teil
1200/1200a Lausberg, Romanische Sprachwissenschaft III, 2. Teil
1201/1201a Dehn, Versuche zur allgem. u. phys. Chemie
1202/1202a Nagel, Gesch. des christl. Gottesdienstes
1203 Wendland, Sozialethik
1204 Scheurig, Zeitgeschichte
1205/1205a Hofmann, Ideengeschichte d. soz. Bewegung
1207 Philipsborn, Erzkunde
1208 Lausberg, Romanische Sprachwissenschaft IV
1209/1209a Bock, Therm. Verfahrenstechnik I

Autorenregister

Adler 12
Aland 5
Altheim 4, 7
Apel 3
Asmus 15

Bahrdt 15
Baldus 13
Barner 13
Baumgartner 13
Bechert 14
Beckers 23
Beer 9
Behn 6
Berneker 9
Betz 8
Beutel 16
Bieberbach 14
Biehle 7
Bieler 9
Blümcke 16
Bock 16
Böhm 14
de Boor 8
Borchers 20
Borkenstein 21
Bräuer 9
Brandenstein 9
Braun 16
Brauns 18
Bruhns 18
Buch 20
Buchner 16
Buchwald 18
Burau 12

Capelle 3
Chudoba 18

Dahrendorf 4, 11
Dannenbauer 6
Debrunner 9
Deckert 17
Dehn 15
Dehnert 21
Dibelius 4
Diels 16
Dienst 21
Dimitrov 22
Döring 14
Dovifat 11

Ehrlich 4
Ekwall 8
Ende, vom 20
Endres 21
Engel, E. 19
Engel, L. 20
Erismann 4
Erlebach 12

Fauser 18
Feist 7
Fischer, F. 20
Fischer, J. 19
Fischer, P. B. 12
Flammersfeld 14
Fleischhauer 7
Franz 12
Freye 17
Frühauf 19
Fürstenberg 11
Funke 16

Gehler 22
Geitler 16
Gerthsen 14
Gottschald 7, 8
Graewe 15
Graf 22
Grodzinski 20
Grossmann 22
Grotemeyer 13
Gruner 17

Haack 13
Hämmerling 16
Haller 6
Haltenorth 17
Hamann 16
Hanke 20
Hannemann 17
Hartmann 16
Hartung 6
Hassak 16
Hasse 12
Haussner 12
Heil 16
Heissler 10, 22
Hempel 8
Henglein 18
Herberg 22
Hermann 16
Hernried 5
Herter 17
Hessenberg 13
Hoernes 6
Hoffmann 9
Hofmann, H. 15
Hofmann, J. E. 12
Hofmann, W. 4
Hofstätter 4
Hofstaetter 7
Hoheisel 13
Hohenleutner 6
Huber 17
Humburg 19
Huttenlocher 18

Jacob 6
Jaeckel 17
Jaeger 10
Jahr 15
Jander 15
Jantzen 7
Jaspers 3
Jiriczek 7
Jung 4
Jungbluth 21

Kaestner 17
Kalitsunakis 9
Kamke 13
Kesselring 19
Kirn 5
Kleinlogel 22
Klemm 15
Klobe 12
Klug 16
Kneser 13
Knopp 13
Koch 3
König 14
Körting 23
Kolb 7
Koller 16
Kolms 10
Koschmieder 14
Krahe 8
Kranefeldt 4
Kresze 15
Kropp 3
Krug 10
Krull 12
Kuckuck 17
Küchler 21
Kümmel 4
Kutzelnigg 16

Landmann 3
Langosch 7
Lau 4
Lausberg 9
Lechner 20
Lehmann, G. 3
Lehmann, G. 22
Lehnert 8
Leisegang 3
Lengerken, von 17
Liebich 9
Lietzmann 5
Lockemann 15
Löbell 13
Lorenzen 12 3,
Lotze 18
Ludin 21
Ludz 3
Lüdemann 17

Mahler 15
Matthes 20
Mattick 16
Maurer 7
Mayrhofer 9
Megede, zur 19
Meiners 19
Meinke 19
Meissner 8
Mellerowicz 10
Meyer 9
Meysenbug 20
Mitzka 7
Moede 4, 11
Mohr 19
Moser 5
Müller, G. 7
Müller, H. R. 20
Müller, W. 19, 20
Münch 17
Mutschmann 8

Nagel 4
Naumann 7, 8
Neger 17
Nestle 9
Nicolas 11, 14
Niese 21
Noyer-Weidner 8

Oehlmann 5
Ohm 10
Onasch 4

Päsler 14
Paulsen 10
Pepping 5
Pfanzagl 11
Philipsborn 18
Pirani 19
Preller 6
Putz 19

Ramdohr 18
Ranke 8
Reichenow 17
Ringleb 12
Rohrbach 12
Roth 15
Rothe 13
Rumpf 5
Runge 19

Sauter 15
Schäfer 19
Scharrer 18
Scheer 15
Scheurig 5
Schilling 3
Schirmer 7
Schlenk 15
Schlingloff 4
Schmidt 23
Schoeneberg 12
Scholz 12
Schubel 8
Schubert, H. 12
Schubert, K. 5
Schulze, E. 19
Schulze, W. 15
Schwaiger 19
Schwartz 16
Sedlaczek 20
Seidel 17
Simmel 3
Sperber 7
Steinmetz 9
Stolberg-Wernigerode, zu 7
Stolz 9
Strubecker 13
Stuloff 12
Stupperich 4

Tafel 21
Teichmann 22
Thum 20
Tochtermann 20
Tölke 21
Treue 6
Troche 22

Unger 19

Valentiner 14
Vasmer 9
Vetter 15
Viëtor 7
Vogel 18
Vossler 8

Waltershausen, v. 5
Weden 6
Weigert 5
Weimer 4
Wendland 4
Wendt 10
Wickop 23
Wiese, von 4
Wiesenewsky 19
Wisniewski 7, 8
Witting 13

Zietemann 21
Zipperer 20

GJG

FSC
www.fsc.org
MIX
Papier | Fördert
gute Waldnutzung
FSC® C083411

Kolibri 360 GmbH
Ferdinand-Jühlke-Straße 7
99095 Erfurt, Deutschland
produktsicherheit@kolibri360.de